Izu Peninsula Geopark

# Izu

# 伊豆半島ジオパーク
# トレッキングガイド2

## 古《いにしえ》の道　伊豆《いず》峯《みね》辺路《へじ》を歩く

*Walking trails of*
*Izumine, the ancient road*

# Contents

太古の記憶を宿した大地と、うつくしい海に囲まれた伊豆半島。
荒々しくも、ゆたかな自然を神として
人びとは、山や海に祈りを捧げ
それらがもたらす恵みも、時には災いも、
畏敬の念を持って受け入れてきました。

この伊豆半島に、かつてあったといわれる修験の道も、
熱海の伊豆山を起点として、海づたいに半島を一周歩くという
祈りと修行の道行きでした。
この本では、古の時代に修験者たちが見た景色を探して
伊豆半島をぐるりと一周、巡ってみました。
コースに選んだのは、初心者から歩くことができ
伊豆半島のジオと古の趣を感じることができる18ヶ所の地域です。
熱い大地と、歴史のロマンを感じる旅が、ここからはじまります。

# 伊豆半島コースマップ

〈伊豆半島へのアクセス〉

◉車

東名高速道路厚木I.C～小田原厚木道路～国道135号線～136号線 / 西湘バイパス～国道135号線～136号線 / 東名高速道路沼津I.Cまたは新東名高速道路　長泉沼津I.C経由、伊豆縦貫道より各地へ

◉電車・バス・フェリー

新幹線:熱海駅、三島駅/ 東海道線:熱海駅、三島駅、沼津駅/ 東海バス(行き先によって問合せ)伊豆箱根鉄道:三島駅から修善寺駅まで / 伊豆急行線:伊東駅から下田駅まで

〈この本の使い方〉

この本で紹介しているコースは、修験道の拝所を周遊することをコンセプトにしているため、コースによってアップダウンの差がある場合や、距離が長い場合もあります。いずれも初心者から歩ける道ではありますが、ジオサイトによっては危険を伴うこともあります。基本的な備えをしっかりして行きましょう。また、コンビニや交通機関には不便な場所も多いため、持ち物や服装などの準備は十分に整えて、時間に余裕を持ってお出かけください。

# 伊豆峯次第巡礼路

江戸時代の書物「伊豆峯次第」に記載された巡礼路を元に再現。走湯山（伊豆山）の修験者は12月15日から翌正月28日にかけて、伊豆半島の縁辺を東回りに一周し、約260の拝所を巡った（★は主要な社寺や祭礼が行われた場所）。

国土地理院所蔵「伊能中図」を加工

*Inishie Road*

古 いにしえの道

# HIGASHI IZU

## 東伊豆エリア

起点である熱海から下田まで
古い街道の名残を辿るように歩く
観光地の新たな姿を発見できるエリア

○熱海市街コース　○伊東市街－八幡野港コース
○稲取東浦路コース　○河津－今井浜コース　○白浜－恵比須島コース

ATAMI CITY course

東伊豆エリア

# 熱海市街
コース

## 大地の熱を感じる湯の町を歩く

修験の道のスタートは、熱々の走り湯から
多層な文化のベースにある、信仰の印を巡る。

文:船本祐司　写真:清水玲

### 海岸線から837段の階段上り

温泉街を見下ろすように鎮座する伊豆山神社は、かつて関八州の総鎮護として崇敬された東国有数の霊場だった。明治の神仏分離令が発布されるまでは「伊豆山権現」「走湯《そうとう》権現」と呼ばれ、伊豆修験の拠点としても重視されていた。江戸期の古文書・伊豆峯次第によると、伊豆修験の行者たちは毎年年末になると、この地を起点に半島1周の拝所参りを行っていたという。

本書で紹介する伊豆峯辺路の旅も、これに倣《なら》って熱海から出発したい。スタート地点は伊豆山の麓にある「走り湯」。その名の通り、岸壁から相模湾に向かってほとばしる横穴式の源泉で、日本三古泉の一つに数えられている。「続日本紀」によると文武3年(699)、伊豆大島に流されていた行者・役小角《えんのおづぬ》が、伊豆方面の空にたなびく五色の雲を見つけ、現地に向かったところ走り湯を発見したという。さらに湯に浴すると、温泉の底から八葉の蓮華が浮き上がり、中央に千手観音、周囲には八つの仏が現れたとされる。伊豆山神社が「走

◇1.伊豆山神社の周辺にある古い道祖神(塞の神) ◇2.神社までの地域には、水の湧く場所があって、冷たい水をいただいた ◇3.長い階段はところどころ道路に寸断されて続く

# 熱い蒸気に、一気に汗が大地のパワーと神秘を感じる

◇4.6.走り湯は日本三大古泉の一つ。約1300年前に発見され、全国でも珍しい横穴式の源泉として知られる。山中から海岸に飛ぶように走り落ちる様から「走り湯」と呼ばれた ◇5.役小角像

湯権現」と呼ばれたのも、この走り湯が信仰の源として見なされていたからだろう。

さて、ここから伊豆山神社に向かって延びる階段を進む。全部で837段もあり、毎年4月に行われる例祭では、氏子たちが神輿《みこし》を担いで往復するという。途中にある共同湯「走り湯浜浴場」の駐車場は、伊豆峯次第に記されている拝所・下之両社の跡地といわれている。国道を跨いで、さらに参道を上ると伊豆山神社線というバス通りにぶつかる。いわゆる地元の抜け道だが、交通量が多いため車に気をつけながら進む。

一つ目の鳥居の先には、次なる拝所・行者堂がある。天正10年(1582)に描かれた絵巻や江戸時代の絵図などによると、このお堂はかつて海岸沿いにあったらしい。明治になると現在の場所に移され、名も「足立《あしだて》権現」と改められたという。祀られているのは、修験の開祖で走り湯発見者その人、役小角の木造だ。右手に錫杖、左手に経巻を持ち、鋭い目つきで全ての物事を見透かすかのような佇まいである。

参道を上りきると伊豆山神社に到着する。伊豆に島流しとなった源頼朝が厚く信仰し、源氏再興を祈願し

伊豆山神社 本殿

たという由緒ある社だ。頼朝と北条政子が結ばれた場所としても知られ、縁結びの神社としても人気がある。戦国時代には境内に64の僧坊や修験坊が立ち並び、3800人の僧兵を抱えていたという。豊臣秀吉による小田原攻めの際、後北条氏に味方したため焼き討ちに遭ったが、後に徳川家康によって再建・復興された。

新社殿を飾る彫刻は「波を彫ったら日本一」と称された江戸期の名彫師・波の伊八によるもの。色鮮やかに彩色された見事な造形は一見の価値ありだ。また、手水舎《ちょうずや》には赤と白、二体の龍の像が鎮座する。赤は火、白は水を象徴し、この二つが合わさることで温泉が生み出されることを表している。

神社を後にし、現在はバス通りとなっている東浦路《ひがしうらじ》を歩く。伊豆半島南部の下田へと至る、かつての主要道だ。500mほど進むと、岸谷の高台に建つ般若院が見えてくる。走湯山の山号を掲げる真言宗の古刹で、徳川家康が高野山から別当を迎えて復興した。往事は真言宗伊豆の総元締めとして関東一円に大きな勢力を持ち、大伽藍《がらん》を誇っていたが、神仏分離令により取り壊されてしまったという。

## 温泉と信仰の街角 一味違う熱海歩き

MOA美術館へと続く分岐を越えて道なりに下ると、やがて熱海市街が見えてくる。JR東海道線のガード下をくぐり、市街地化した国道を進む。旧道の面影はないが、この道もかつての東浦路に当たる。途中にある「藤沢入口」バス停付近には拝所の山王権現があるとされるが、はっきりした場所は分かっていない。

坂を下るとかつて「躍場《おどりば》」と呼ばれた、日本最初の人車鉄道の熱海駅舎跡地に出る。人車鉄道とは文字通り、人夫が客車を押して運ぶもの

高来神社より道祖神とともにやってきたとされる光石

で、熱海から小田原までの約25kmを結んでいた。片道約4時間、1車両に4〜6人の客を乗せ、1日6往復したという。この路線は明治29年（1896）から蒸気機関の軽便鉄道に代わるまで12年間続いた。国鉄熱海駅開業までは、ここが熱海の玄関口だったのだ。

コースは東浦路を外れ、湯前《ゆぜん》神社へと向かう。神社の近くには熱海七湯の一つである大湯間歇泉《おおゆかんけつせん》があった。かつては1日に6度、熱湯と水蒸気を交互に噴き出す世界有数の自噴泉として知られていた。伝説によると、仁賢天皇4年（491）、熱海沖の海底から熱湯が湧き出し、おびただしい数の魚が死んだため、漁民らは困窮した。箱根権現の修験者・万巻上《まんがん》人はその窮状を哀れみ、祈願によって海中の泉脈を海から山里側へ移したという。現在は人工的に湯を噴出させているが、巨大な岩の間から湯煙りが立ち上るさまは神秘的であり、昔の人々が畏敬の念を抱いたのも頷ける。

さらに北上してJRの高架下を通って来宮《きのみや》神社に着く。和銅3年（710）から代々熱海の鎮守として祀られており、境内の最奥には樹齢2000年以上ともいわれる巨大な

◇1.古道の跡形もないが「藤沢入口」というバス停の地名は残っていた ◇2.軽便鉄道以前の珍しい人車鉄道の出発地跡 ◇3.坂の多い熱海の市街地を見下ろす

◇4. 5.湯前神社に向かう途中の大湯間歇泉。その手前には、無料で温泉卵を作れる小沢の湯も ◇6. 7.湯前神社は病を除く温泉をお守りする神として薬師如来と少彦名命を祀っている

◇1.重厚感のある来宮神社の本殿　◇2.本殿右手にある弁財天の手前に池があり、弁天岩といわれる巨石がある。古来神々がここに宿っていたと伝わる　◇3.古代の人々は、この大楠を「神の魂に降り願う木」と呼び、神の依代として大切に祀った　◇4.~6.迷路のような小径を歩いて、古屋旅館へ。200年以上の歴史がある熱海一の老舗旅館だ

クスノキが天を衝くように伸びている。国の天然記念物に指定された御神木は幹の周囲、樹の高さとも20mを超えていて、これを一回りすると寿命が1年延びるという。古木とはいえ枝葉はまだまだ若々しく、この木の生命力にあやかって健康長寿と心願成就を祈願する参詣者は後を絶たない。

再び東浦路に戻り、地元で200年以上続く古屋《ふるや》旅館を目指す。江戸中期に開業した歴史ある湯宿で、敷地内には「紀僧正《きのそうじょう》」と呼ばれる拝所がある。石造りの小さな祠で、もともとは徳川家光が造営した熱海御殿（現在の市役所付近）にあったそうだ。紀僧正は空海の十大弟子の一人で、真言宗で初めて最高位の僧正に任じられた人物。熱海との関係は定かではないが、伊豆半島には空海に関連する伝承がほかにも多く残る。同地には近くの天神山から遷座されたという拝所の天満宮もあり、悠久の歴史を感じさせるスポットとして温泉街に彩りを添えている。

Corse Map!

## コースガイド

7 km

| 地点 | 所要時間 |
|---|---|
| 走り湯 | |
| ↓ | 20分 |
| 伊豆山神社 | |
| ↓ | 6分 |
| 般若院 | |
| ↓ | 30分 |
| 藤沢入口バス停 | |
| ↓ | 10分 |
| 湯前神社 | |
| ↓ | 7分 |
| 来宮神社 | |
| ↓ | 11分 |
| 古屋旅館 | |

## アクセス

【往路】JR東海道新幹線/東海道線　熱海駅より東海バス湯河原行き　逢初橋バス停下車3分
【復路】古屋旅館よりJR熱海駅まで徒歩12分

Tuishie Spot!

### 円光院跡地

伊豆山神社からずっと下ってきた地域に、円光院跡と見られる場所がある。今は人影もなく、ひっそりとしている。

ITO CITY-YAWATANO course

東伊豆エリア

# 伊東市街～八幡野港コース

## 温泉街の街角で、古のロマンを探す

昭和ロマンを感じる伊東の街並みを抜け
大室山が作った溶岩台地で、ジオを感じる。

文:田邊詩野　写真:清水玲

### 伊東の街歩きは明るく和やかな雰囲気

荒々しい伊豆半島にあって、伊東市は比較的穏やかな地形と気候に恵まれた街といえるだろう。平安時代末に伊豆第一の勢力を誇った武士・伊東祐親や、江戸時代初めに洋式帆船を造った三浦按針《あんじん》（ウィリアム・アダムス）ゆかりの地として知られている。今回のコースは平安時代から大正時代まで、伊豆東海岸の幹線経路だった「東浦路《ひがしうらじ》」を歩く。

スタートは市街地を流れる松川沿いの東海館。昭和3年（１９２８）に建てられた元旅館で、平成13年（２００１）に観光・文化施設として生まれ変わった。ここから市の南端八幡野《やわたの》港まで、18kmを超えるロング・ウォークとなる。まずは松川（伊東大川）を渡って国道１３５号線へ。伊東の温泉で最古といわれる和田の大湯（和田温泉会館）を横目に進み、按針通りにぶつかったら、左折して港の方向に向かって歩く。ガイドの土屋光示さんが、T字路沿いにある古い家を指差しながら、「明治時代の面影を残した佐藤家と呼ばれる商家です」と教えてくれた。他にも築

◆1.市の中心を流れる松川。春は桜が美しく、東海館と共に温泉街の情緒に一役買っている　◆2.佛現寺のお土産には天狗詫び状羊羹がある

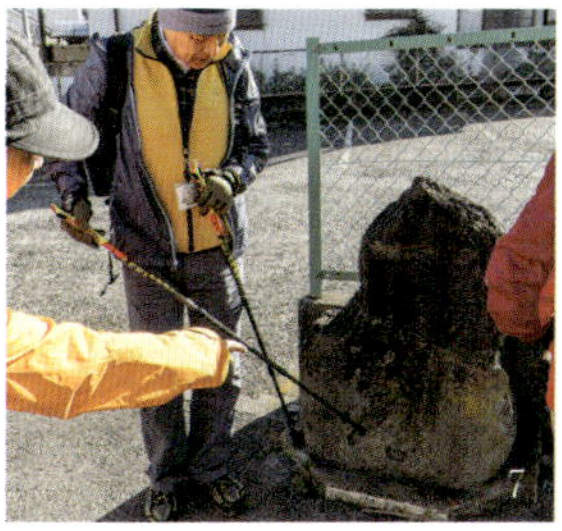

◆3. 4.市内の所々に古い建物や道祖神が残っており、風情ある街並みを楽しめる　◆5.逆川地区の峠道は階段をひたすら上る　◆6.伊東温泉には10ヶ所の共同浴場がある。和田寿老人の湯は、江戸時代以前から始まった伊東温泉の発祥の地。将軍にも愛されたお湯だそう　◆7.バス停「石灯籠」の先にあった「下田道」と記された道標

100年を越える古民家の花屋さんなどが続く古い家並みを歩いて、通称毘沙門天《びしゃもんてん》通りへと進む。石灯籠という名のバス停の先に古い道祖神《どうそじん》があり、脇を入っていくと浄土宗の浄円寺に着く。寺には道標を兼ねた芭蕉の句碑があって「三島七里、小田原十二里、下田十一里」と刻まれている。碑は元々、先ほどの佐藤家のある三叉路にあったと考えられている。バス停の先には下田道と刻まれた道標があり、ここを進むと佛現寺《ぶつげんじ》へ上る階段に出る。伊東市役所に隣接した寺で、境内からは伊東の市街地から港までがよく見える。創建は弘長元年（1261）。領主の伊東祐光が伊豆配流となっていた日蓮に熱病平癒の祈祷《きとう》をしてもらった礼として、毘沙門堂の草庵を与えたのが始まりといわれ、天狗の詫び証文の伝説が残っている。

ここから一旦車道に出て、千坂のバス停を越え、逆川《さかがわ》地区の峠道へ入る。峠道を下った小川の近くに甘酒茶屋があり、かつて伊東の観光名所を集めた絵はがきセットの一枚になるほどよく知られた場所だったそうだ。地区名の由来はこの小川だ。海とは反対方向の西向きに流れていたことから、逆川と呼ばれたという。

# 別荘地への道で かつての街道の名残を 見つける

伊豆高原たけのこ村の脇を歩く

国道135号線を歩道橋で横断し、しばらく拡幅された車道を上る。伊東市民体育センターのバス停を通りかかると、土屋さんが「ここはかつて競馬場だったんですよ」と言う。昭和初期まで草競馬場だったこの場所には、当時を偲ぶ馬の碑が建っている。東側に見える丘は、城星《じょうぼし》火山の火口だ。7万1千年前に爆発した単成火山(一度だけ噴火して形成された山体)で、現在は市民運動場として利用されている。激しい爆発を起こして出来た大きな火口とそれを取り巻く山体をもつ城星火山のような地形はタフリングと呼ばれる。一帯は、伊豆東部火山群と呼ばれるエリアで、一つひとつの火口は噴火を終えているが、今後もどこかで噴火の可能性があるホットな火山地帯だ。一碧湖《いっぺきこ》の火口湖、城星火山と同じ山体を持つ梅ノ木平《だいら》、噴火によって溶岩のしぶき(スコリア)が火口の周りに降り積もって山となった小室山、大室山など、特色ある姿の小さな火山が大小さまざまに散らばっている。

大型商業施設を過ぎて国道を渡り、小室山公園入口交差点までしばらく進む。ここから斜め左に上る旧道が東浦路だ。住宅街を通って国道に出たら交差点を渡り、道祖神を目印に

草競馬場跡に建っている碑

路上の道祖神

右手に入って、山道を進むと、直径800mほどもある火口の周囲にリング状の山体の高まりが続く梅木平だ。国道は吉田地区の地久保側に大きく回っているが、かつての東浦路は緩やかな峠を突っ切るように直進して進む（現在は倒木が多く、すっかり荒れているため、通行には向かない）。

## 別荘地内の美しい風景 大室山の息吹を感じて

ここからテーマパーク「まぼろし博覧会」の少し先を右側に入り、「伊豆高原たけのこ村」「伊豆ホース・カントリー」といった観光施設を見ながら伊豆高原に向かう。ほどなく別荘地に入ると、突然何の変哲もない十字路で土屋さんが立ち止まった。「東浦路と交差するこの道は、かつて伊東の十足方面と富戸を結んで、物資を運んでいた街道でした」と言う。なるほど言われてみれば、かつての街道だったように見えなくもない。さらに起伏のある別荘地内を進むと、やがて道は行き止まりになる。往時の東浦路は、ここで県道111号線に分断されているのである。

一旦県道わきの小道から国道に下って「伊豆ぐらんぱる公園」で休憩をとってから、再び111号線を上り、仮設の歩道で東浦路に這い上がる。しばらく行くと、小さな公園のように囲まれた法華塚がある。無数の丸石が積み上げられたお椀型の塚で、日蓮がここでお経を読んだという伝承が残る。一説には土地の境界線のために作られたともいわれているそうだ。洒落《しゃれ》た宿泊施設の立ち並ぶ中を抜け、桜並木を横切ってさらに進むと、やがて県道112号線に出る。この道は中大見八幡野線と呼ばれ、池地区から鹿路庭《ろくろば》峠を越えて中伊豆に抜けるかつての大見街道だ。ここを過ぎると、八幡野の岡集落に入る。

これまでの新興住宅街とはガラリと変わり、道沿いには昔ながらの集落ののどかな風景が残っている。参宮橋を渡って、伊豆峯次第の拝所である八幡宮来宮《はちまんぐうきのみや》神社へ。途中、ぐるりとねじれた太い幹から空に向かって、のびのびと枝を広げる見事なシイノキの大木がある。市指定天然記念物の「高見のシイノキ」だ。少し先には伊豆八十八ヶ所第28番の札所である曹洞宗の古刹、大江院があり、古い

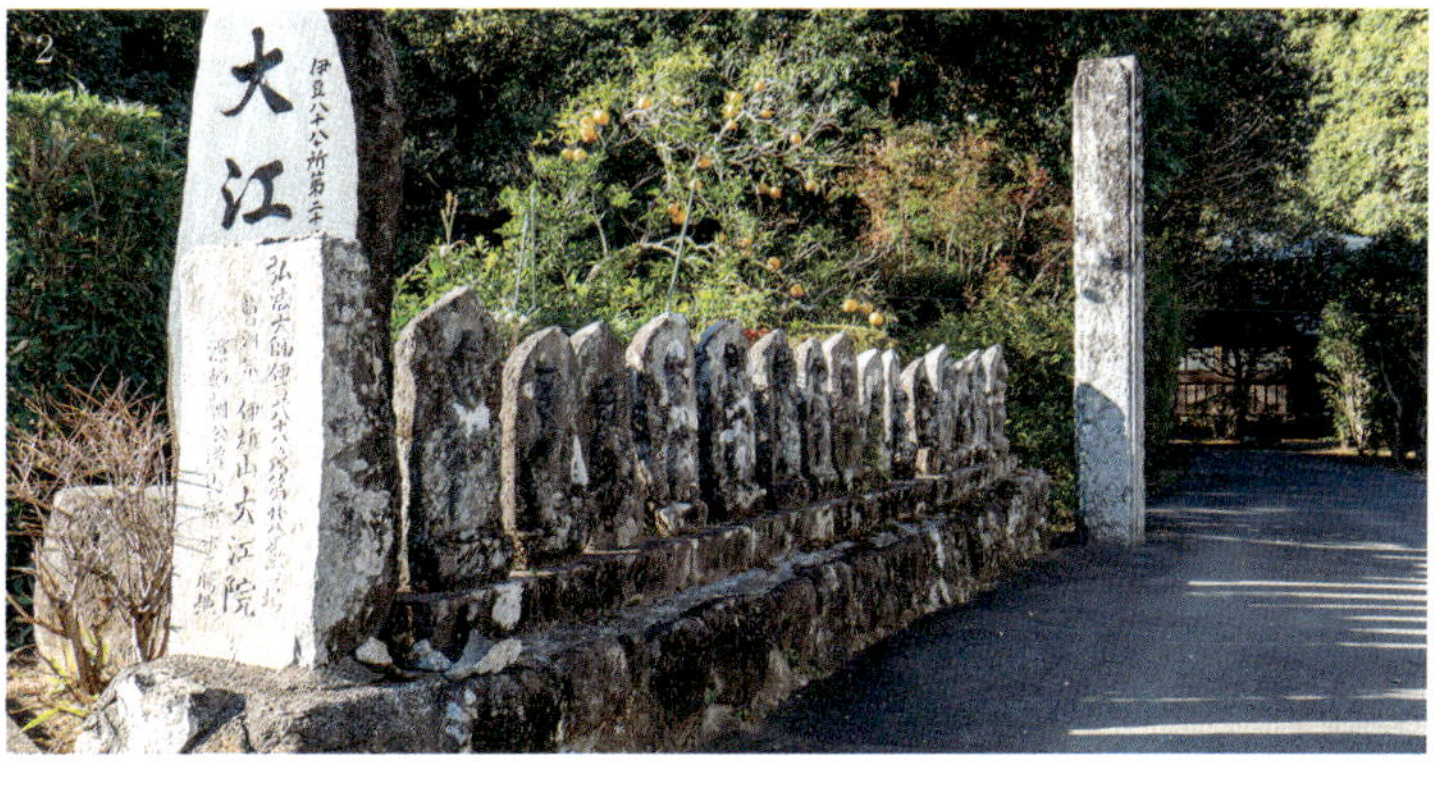

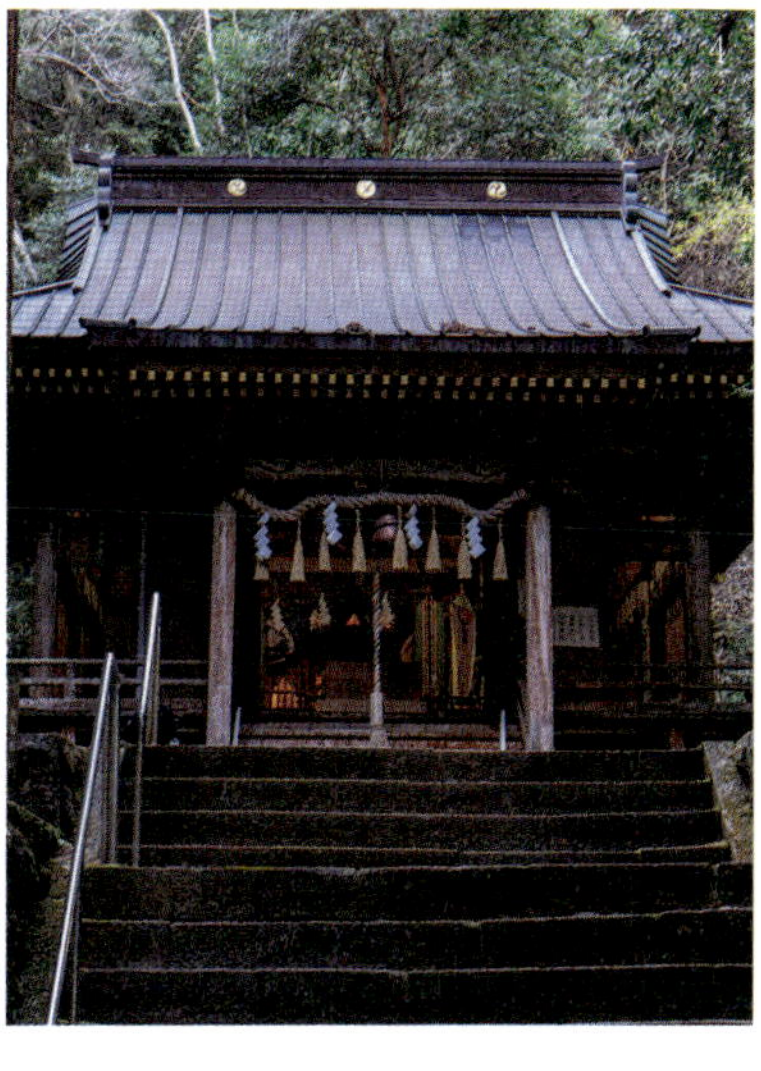

◆1.岡集落の道祖神 ◆2.伊豆八十八ヶ所第28番札所の大江院の入口に並ぶ観音像 ◆3.日蓮聖人ゆかりの法華塚 ◆4.厳かな雰囲気の八幡来宮神社本殿。御神木の杉がいかにも神々しい

◆1.境内はゆるやかな階段で山に向かって傾斜があり、ひっそりとした静かな雰囲気 ◆2. 5. 7.美しい八幡野港。約2700年前の伊雄山の溶岩が作った地形と、約4000年前の大室山噴火が作った地形の境に位置している ◆3.八幡野港に向かう浜集落の道祖神 ◆4. 6.堂の穴には、さまざまな神様が祀られており、多くの人々の信仰の場所であったことが窺える

お地蔵さんが立ち並んでいた。そして、集落の最奥にひっそりと佇むのが八幡宮来宮神社。伊波久良和氣命《いわくらわけのみこと》と誉田別命《はむたわけのみこと》を合祀した式内社である。広い境内に緩やかな石段が続き、厳かな雰囲気に包まれていた。八幡宮の森は国指定の文化財になっており、美しいリュウビンタイでも知られる。県指定文化財の本殿の脇には、御神木の大杉がスッとまっすぐに天に伸びていた。ここには、日本造船の父・肥田浜五郎の生家もあったそうだが、残念ながら現在は残っていない。

さて、ここから最終目的地、八幡野の浜集落へ向かう。岡集落を抜けて国道を渡り、なだらかな下り坂を歩いて浜集落の港へ。鄙《ひな》びた港を右手に眺めながら城ヶ崎の方向に進むと、民家の間をすり抜けた奥に、こちらもやはり拝所である「堂の穴」があった。切り立った巨石が浸食され、庇《ひさし》状に削られた天井のようになっている。内側に入ると、古い教会の中にいるような室内感がある。岩がパイ皮のように何層も重なっていたり、荒々しく割れた断面になっていたりと、変化に富んでいて面白い。伝説によれば、瓶に乗った三島大神と兄弟がこの港に漂着したのを村人がお祀りしたという。また、伊波久良和氣命が鎮まった場所ともいわれている。修験者たちはここで暖をとり、静かな一夜を過ごしたかもしれない。長時間にわたるウォークの疲れを取りながら、古の人々の健脚ぶりに思いを馳せた。

Corse Map!

**コースガイド**

東海館
↓ 10分
浄円寺
↓ 10分
佛現寺
↓ 40分
伊東市民体育センター
↓ 120分
伊豆ぐらんぱる公園
↓ 60分
八幡宮来宮神社
↓ 30分
八幡野港

18.5 km

**アクセス**

【往路】JR伊東駅・伊豆急伊東駅スタート
【復路】八幡野港より伊豆急伊豆高原駅まで徒歩25分

Tuishie Spot!

### 高見のシイノキ

高さ約20m、樹齢800年以上といわれ、道路脇の高台にねじれるように立つ姿は見事。市の天然記念物でもある。

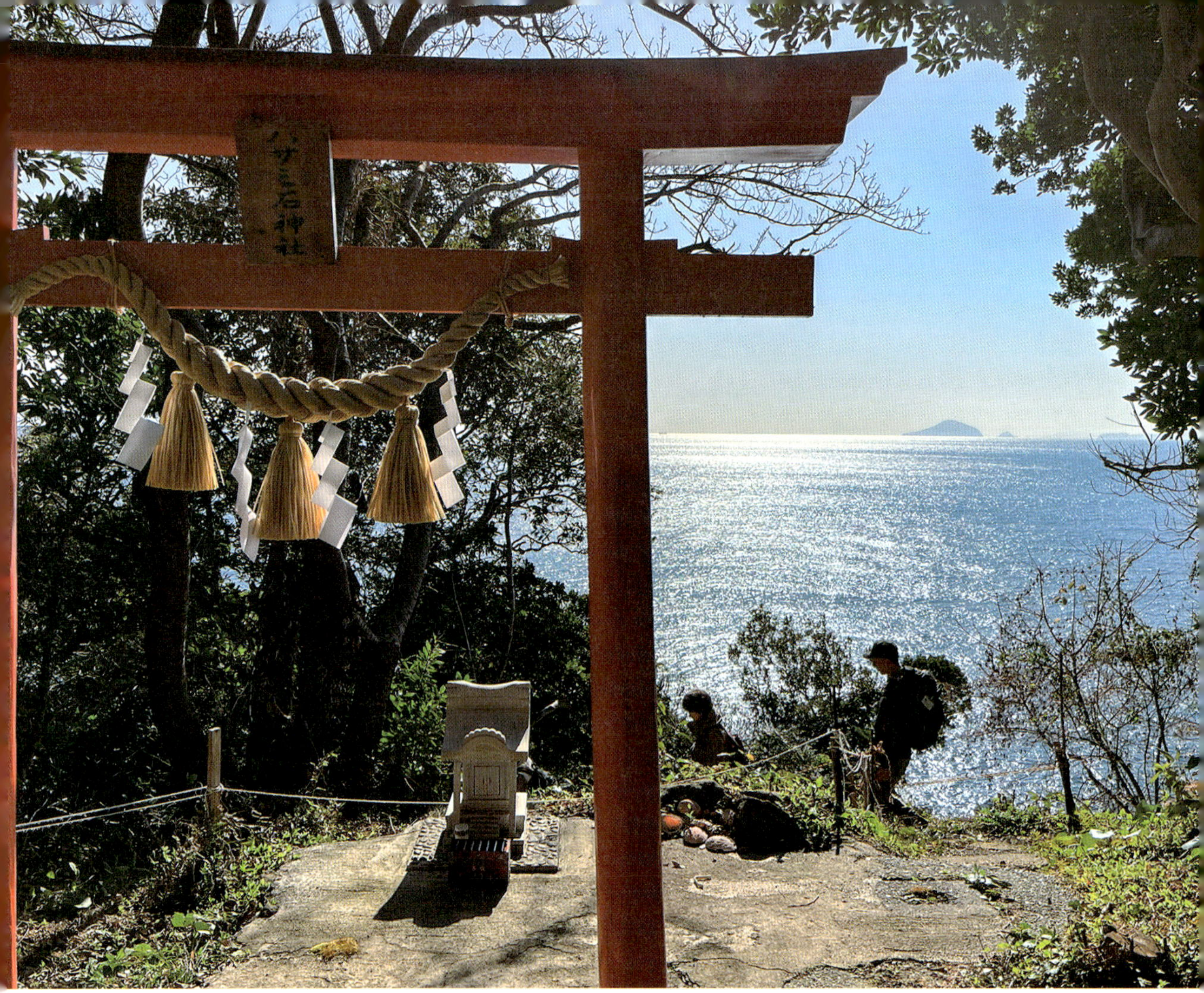

INATORI HIGASHIURAJI course

# 東海岸の峠越えで、海の絶景を楽しむ

伊豆七島を望む峠を越え、可愛らしい半島の港町へ。
キンメダイで知られる稲取の知られざる歴史ロマンを歩く。

文:船本祐司　写真:清水玲

東伊豆エリア

# 稲取東浦路

コース

## 日本初の女性灯台守はこの地で誕生した

東浦路《ひがしうらじ》はかつて熱海から下田までを結ぶ、伊豆半島東海岸の主要道だった。このうち東伊豆町の白田と稲取の境付近は「休場」と呼ばれ、伊豆の東海岸の集落を結ぶ街道の峠にあたっていた。人里離れた山の中であったにもかかわらず、交通量は多く、峠の平らな土地は往来の人々の休憩地としてにぎわったという。江戸時代後期になると茶屋ができ、連絡用の狼煙台のほか、夜間航行する船の標識となる灯明台も築かれていった。幕末、密航を企てた吉田松陰が下田湾に停泊する黒船を目指して駆け抜けたことでも知られる。

今回はそんな歴史ロマンあふれる道・東浦路を歩く。スタート地点は、稲取と白田の境界線・トモロ岬の尾根に復元された旧稲取灯台。石造りの台座の上に六角形の灯籠状に取り付けられたガラスはレトロ感たっぷり。明治42年(1909)に建設された私設灯台で、伊豆東海岸の難所・トモロ岬付近で操業する漁船にとって重要な目印となった。灯台の裏に回ると管理ドアに「乙女の灯」とある。

実は日本で最初の女性灯台守が誕生した地でもあるのだ。大正期になって点灯方式が変わったため、必要となる国家資格を地元の少女、萩原すげが取得することになった。当時まだ17歳。研修の場・下田の神子元島灯台事務所までは片道25㎞。彼女は毎朝3時に起きて8日間、徒歩で通い続けて資格を手にした。鉄道もバスもない時代の話だ。それから昭和20年に廃灯となるまで、30年にわたって明かりを灯し続けたという。ドラマを秘めた稲取の隠れた歴史スポットだろう。

ここからは東浦路を南へ下っていくのが本来のルートなのだが、「どうしても見せたいところがある」とジオガイドの土屋光示さんが言う。海抜130m程の所から「はさみ石」の案内板に従って山道を下ると、海を臨む木造の展望デッキがあった。見晴らしが良く、海に突き出したトモロ岬や、その先端の神楽岩と呼ばれる岩礁も手に取るように望める。さらに眼下の海岸に、高さ10mはあろうかという巨大な二つの岩が並び立っていた。しかも岩の間には小さな石が一つ挟まっている。「はさみ石」と呼ばれるこの石には、漁場をめぐって争っていた漁民たちをいさめるため、天城山の天狗が石を挟んだという伝説が残っている。実際は20万年前まで活動していた天城火山の溶岩が波の浸食を受けて出来たらしいが、天狗の仕業と言われても不思議には感じない神秘的な造形だ。

展望デッキの前は伊東と下田を結ぶ元々の旧国道135号線だが、昭和53年(1978)の伊豆大島近海地震によって3カ所あったトンネルがすべて崩落し、廃道になった。所々に大きな岩や錆びたガードレールが見え、半世紀前の地震の被害を物語っている。この道を南へ向かえばハサミ石神社の鳥居が見えてくる。

✪1.ひっそりと佇む乙女の灯台 ✪2.~6.はさみ石のある海岸には、現在徒歩でのアクセスはできない。2の展望台から間近に見ることができる

2

3

6

4

5

水平線に並ぶ伊豆の島々、手前に見える稲取の街並みは、大海原に漕ぎ出そうとするクジラのよう。

再び東浦路に戻って、なだらかな溶岩台地を下っていく。沢を越え「金くそ坂」へ出た。車一台がぎりぎり通れるほどの細く急な坂道で、江戸時代に東浦路を旅した浦賀奉行の記録「甲申旅日記」によると、火山灰が露出していて多くの旅人が足を滑らせた難所だった。現在は舗装されているが、スコリアに覆われた丘だとしたら確かに転んでしまいそうな傾斜である。

緩やかに国道と合流した道を稲取高校方向へ上っていく。沿道はソメイヨシノよりひと足早く咲く河津桜が満開だ。上りきると相模灘に小さく飛び出た岬が見えてきた。天城山の溶岩流がつくり出した稲取岬で、先端には四角い灯台が立っている。国道をまたぐ歩道橋から大海原が望め、思わずその絶景に見とれてしまった。左手から大島、利島《としま》、鵜渡根島《うどねじま》、新島《にいじま》、神津島《こうづしま》がそれぞれ美しい稜線を描きながら空と海の境界に浮かんでいる。新島の後ろには、伊豆半島の古い信仰の源となった三宅島の影も。激しい噴火を繰り返した荒ぶる姿に、古代の人々は人知を超えた力を感じ取ったことだろう。

国道から天王坂と呼ばれる脇道に入る。かつての東浦路の面影をとどめた古道で、馬頭観音や道祖神をたどりながら歩く。道なりに下っていくと、何やら人だかり。地元で「天王さま」と親しまれている素盞嗚《すさのお》神社の門前辺りで、１１８段の石段に並ぶひな壇飾りをお目当てに大勢の参拝者でにぎわっていた。この神社では毎年２月中旬になると、本殿に向かって約５００体のひな人形が展示され、その両脇も稲取伝統の雛のつるし飾りで華やかに彩られる。屋外では日本一の規模という。

◇稲取高校から国道を渡る歩道橋。ここからの絶景は、ぜひ抑えたいポイント

# 古の目印を辿って
# 迷路のような集落へ

雛飾りに見送られて港方面へ進むと、道端に直方体に成形された大きな石があった。遠くからも目につく大きさのこの石は、江戸城で使われるはずだった石材の名残だ。徳川家康が天下統一を果たし幕府を開くと、多くの石が伊豆東海岸から船で運ばれ、江戸城の石垣に用いられた。東浦路の各所に運ばれなかった多くの石材が残されている。特に栗田家の前に並んだ二つの石はその巨大さから「畳石」と呼ばれている。

稲取の市街地を抜け、伊豆峯次第の拝所・三島神社へ。途中、イルカの供養塔や屋号の看板が掲げられている家々など、随所で地元の歴史を感じることができる。神社は海を一望できる高台にあり、石段の中ほどに伸びる一本松の力強さが印象的だった。

◇1.畳石の大きさに往時を偲ぶ ◇2.素盞嗚神社の雛飾りは圧巻の美しさ

◆1.三島神社。見事な松が出迎えてくれる風格のある神社 ◆3.4.八幡神社は、海にほど近い静かな住宅街にある。狛犬の目が赤い理由ははっきりしていないが、伊豆半島南部では時々見かけた ◆5.キンメ漁の盛んな港

◆2.小さな路地は坂道も多く、車の進入ができない場所も多い。まるで迷路のような集落には、あちこちに古い時代の名残もあり、迷いながら歩くのも楽しい。この辺りはそれぞれ面白い屋号が付いているので、そちらも要チェック

土佐犬!?

## キンメ漁で知られる静かな港へ

ゴールは拝所・八幡神社。創建は不詳ながら、境内から弥生時代の遺物が出土している古社で、稲取の総鎮護だ。太鼓橋を渡ると、しめ縄を巻かれたエネルギッシュな松の巨木。拝殿には細緻に施された彫刻にも風格を感じる。ただ、目と口が朱で塗られた狛犬の顔にはぎょっとした。稲取は土佐藩の石切り場があったというから、もしかしたら土佐犬をイメージしているのかもしれない。

稲取港は今でこそ埋め立てられ海岸線は遠くなったが、江戸期には現在の町役場あたりまで石浜が迫り、波が打ち寄せていたという。帰り際、漁協の前で名物のキンメダイが大漁だと聞いた。完歩したご褒美に、今夜は豪勢にキンメの煮付けを奮発しようか。

**コースガイド**

6 km

- 旧稲取灯台
- ↓ 5分
- 展望デッキ
- ↓ 35分
- 素盞嗚神社
- ↓ 10分
- 畳石
- ↓ 10分
- 三島神社
- ↓ 5分
- 八幡神社

**アクセス**

【往路】伊豆急稲取駅よりタクシー7分
【復路】稲取港より伊豆急稲取駅まで徒歩10分

Iuishie Spot!

## 名物 肉炒飯

稲取名物の"肉炒飯"。写真は街中にある食堂「かっぱ」の肉炒飯。各店それぞれの個性があるので、食べ比べる楽しみも。

東伊豆エリア

# 河津～今井浜コース

KAWAZU-IMAIHAMA course

## 心ある人びとの手で守られた集落

かつての東浦路を歩き、山城跡を越える。
道端のあちこちに、住む人の信心が今も生きている。

文:田邊詩野　写真:清水玲

### 静かな隠れ里今井浜をのんびりウォーク

河津町の今井浜海岸は、かつて三島由紀夫や石坂洋次郎などの文豪が滞在していたことでも知られる風光明媚な浜である。今回のコースは今井浜からスタートして、江戸時代の旧道・東浦路《ひがしうらじ》が残る城山ハイキングコースを行き、河津町の谷津地区まで歩く。

まずは、伊豆急行今井浜海岸駅を出発して海岸方面へ。両側に民宿が立ち並ぶ今井浜のメインストリートを歩く。ガイドの土屋光示さんが「ここは岩山を開削した切り通しです。かつての東浦路は開削前の岩山の上を斜めに通っていたはずです」と言う。岩山だったというだけあって道沿いには石切場跡を利用した店舗も見られる。立ち寄り露天風呂施設を兼ねた観光施設「舟戸の番屋」を横目に見高港へ。「ぜひ見せたい物がある」という土屋さんに導かれ、港奥の集落にある真乗寺へ向かう。古くからの漁村の雰囲気が残る集落の路地に入って石段を上ると、境内に河津桜の古木が一本、満開の花を咲かせている。住職が本堂を見せてく

## 静かな浜辺、街道の名残の松が風情を添える

ださると言うのでお邪魔すると、天井一杯に描かれた桜の中を舞う龍の姿が目に飛び込んできた。令和元年(2019)に現代美術家の綺爽《きさ》聖昭《せいしょう》さんが描いたものだそうだ。またご本尊の大日如来像は、令和元年(2019)まで祀られていた大日如来の胎内にあったもので、178年ぶりに取り出された珍しいものだ。

鄙《ひな》びた港を眺めながら来た道を戻ると、ウバメガシなどに覆われたこんもりした小島が海に突き出ているのに気がつく。ぐるりと回ると海に面して鳥居が立ち、御神灯の台座などが寄せ集められている。伊豆峯次第の拝所、琴海《きんかい》神社だ。階段を上ると、弁財天尊《べんざいてんのみこと》と市杵姫命《いちきひめのみこと》が祀られた小さな拝殿があった。海上安全、福寿長久の神様として信仰される神社であり、見下ろすと、凝灰岩の磯場が見えた。

来た道をさらに戻り、番屋の手前まで来たところで「ちょっと待った」。また土屋さんに呼び止められた。「こ

◆1.今井浜海岸駅から港へ向かう ◆2.真乗寺の桜の古木。見事な花を咲かせていた ◆3.綺爽聖昭さんによる天井画。ご住職のお許しを得てから寝転んで鑑賞したい大迫力の作品

◆4.2019年、実に178年ぶりにご本尊の胎内から取り出された世にも不思議な大日如来。2020年に開眼法要し、今は別間にお祀りされている ◆5.6.海に突き出した琴海神社は鄙びた風情だが、とても静かで心安らぐ神社。神社下に広がる凝灰岩の磯場を眺めつつ、港が整備される以前の海岸線を想像してみたい

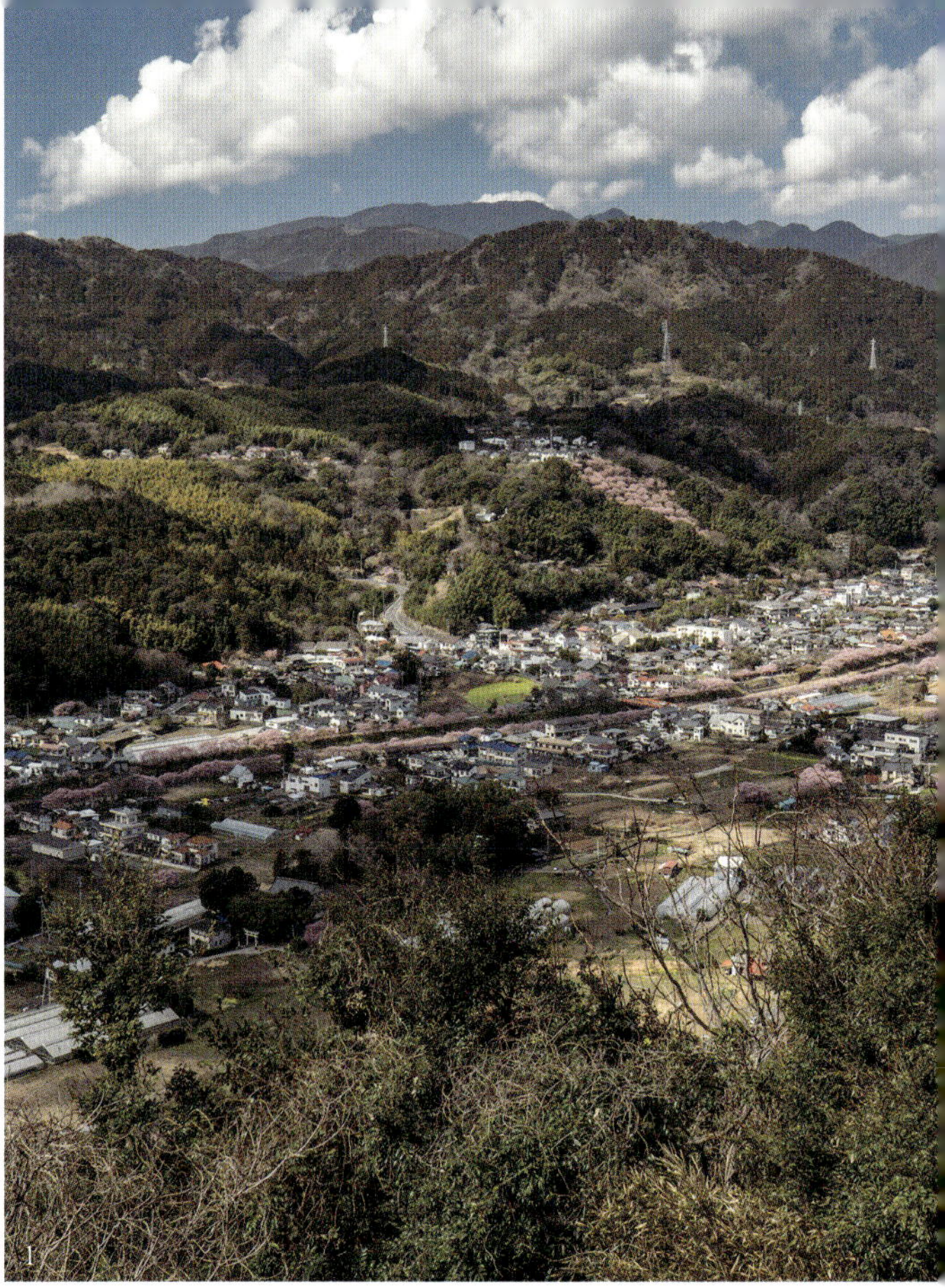

◆1. 2.河津城址への上り道と頂上から望む河津の街並み ◆3.下分岐点のお地蔵さん ◆4.山頂の城址では、北条早雲の火攻めで焼けてしまった兵糧米が今も拾える

◆5. 6.今井浜の集落で見つけた小さな石仏をお祀りしている祠。素朴ながら丁寧に祀られており、地域の人たちが大切に守ってきたものだということが感じられた

こが元々の東浦路だった小路です」と細い路地に促される。確かに古びた住宅の軒先に何体かの石仏や歌碑が見え、古い街道の名残が感じられる。先ほど通った切り通しの上に出た階段を下って車道に戻り、古い民宿の前を過ぎて浜へ出る。白い砂に混じったキラキラと光る黒い砂や、東浦路の名残と思われる見事な松など、往時を偲ばせる浜辺の光景が広がっている。

## 城址から望む河津の町
## 古に思い馳せて

伊豆今井浜東急ホテルの東側脇道から国道を渡り、城山ハイキングコースに向かう。しばらく舗装された道路を上り、ハイキングコース入口の看板から石畳の山道に入った。峠を越えると石仏と常夜燈がある分岐点に出るので、伊豆急河津駅方面に向かう道に右折する。直進の浜方面に下る道が幕末の東浦路だが一部崩落があり、現在は封鎖されている。

城山の山頂へは、長い階段が続く。そろそろ息が上がりかけてきた頃にようやく視界が開けた。伐採された竹が垣根のように積まれた斜面をもうひと踏ん張りすると、頂上手前の見晴らし台に到着。早咲きの河津桜が溢れんばかりに咲いていた。振り返れば片瀬山を挟んで今井浜と河津の海が広がり、思わず歓声が上がる。標高181m、城山の名は室町時代の武将蔭山勘解由《かげやまかげゆ》が永享11年（1439）に築いた河津城に由来する。山頂に大日如来を祀ったことから大日山とも呼ばれる。北条早雲に火攻めにされた際、兵糧米を撒いて火を消そうとしたが、あえなく落城したという伝説が残る。山頂近くの広場からは河津川沿いに咲いている河津桜や、川の両岸に細長く続く里山の景色が一望できる。

　ここで昼食を取り、河津の町を目指して山を下る。ここが古道といわれる所以《ゆえん》は、街道沿いのマキやタブの巨木や、古いお堂などに窺える。土屋さんは「この大木のある広場は八幡様と呼ばれ、子どもの頃の遊び場だった。伊豆峯次第に書かれた拝所の若宮八幡宮のことではないか」と言う。確かに道端には道祖神や宝篋印塔《ほうきょういんとう》の一部らしきものが数々あった。それらを眺めながら修験者たちの足跡を想像するのも楽しい。

　次に向かうのはこちらも拝所の川津来宮神社《かわづきのみや》。この神社は別名を杉鉾別命《すぎほこわけのみこと》神社といい、杉鉾別命がご祭神だ。平安時代の延喜式に記された式内社であり、ご神木であるクスノキは、県内第2位の巨木として知られている。緑豊かな参道を進むと、何とも可愛らしい狛犬と本殿が現れた。お詣りを済ませてから、本殿の裏手の方にある御神木の大クスへ。国の天然記念物にも指定されているクスノキは、おだやかな河津の人々をお護りするやさしい巨人のよ

◆1. 2.早春から春にかけての河津は、さまざまな花が咲き、日本的な美しい風景が広がっている ◆3. 4.川津来宮神社の境内。樹齢千年を超えるクスノキは、国の天然記念物でもある

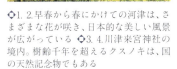

◆1.河津三郎祐泰と曽我兄弟が祀られている河津八幡神社。河津出身の彫刻家後藤白童氏が制作した像が目を引く ◆2.力持ちだった三郎が訓練に使ったといわれる石。◆3.4.谷津地区にある湯の堂跡、その付近には、区の小さな温泉場が見られた ◆5.6.伊豆ならんだの里。静岡県最古の本尊・薬師如来坐像は国重要文化財指定。ずらりと展示された平安仏は圧巻の見応え。ぜひ訪ねたい ◆7.南禅寺

うに見える。

また、この神社には一風変わった風習が残る。氏子は12月18日から23日まで〝鳥精進・酒精進〟と称して、鶏肉と卵は食べず、酒も飲まない。杉鉾別命が酒に酔って野火に囲まれた時、たくさんの小鳥たちが羽に水を含ませて火を消して助けてくれたという伝説に由来するものだ。「村人が千年もの間この風習を守ってきたから、神様が河津桜を授けてくれたんですよ」と土屋さんが話してくれた。

咲き誇る河津桜を愛でつつ、一行は谷津《やつ》地区に向かって河津川を渡る。谷津地区は、約1500年も前に行基が開湯したと伝えられる古い温泉郷。奈良時代に仏教文化が花開いた歴史あるエリアだ。まずは拝所、河津八幡神社へ。平安時代末期、河津の荘を治めた河津三郎祐泰の暗殺に端を発したいわゆる「曽我兄弟の仇討ち」ゆかりの神社だ。母の再婚によって姓こそ変わっているが、曽我十郎祐成、五郎時致の兄弟は、父の河津三郎祐泰と共に今も祀られている。境内には、河津出身の彫刻家後藤白童氏が制作した曽我兄弟の像や、力石を持ち上げる河津三郎の像もある。ここから石田屋旅館に近い道沿いに、曽我兄弟の産湯だったといわれる湯の堂跡があるというので立ち寄ってみた。特に整備はされていないが、古い庚申塔や僧侶の墓石などがまとめられてあった。

ゴールは谷津の奥にひっそりと佇む古刹・南禅寺（名禅師）。伝承によると、ここには奈良時代に行基《ぎょうき》が開いたといわれる那蘭陀寺《ならんだじ》があったが、15世紀半ばに山崩れで寺もろとも埋没してしまった。天文10年（1541）、山崩れで埋まっていた仏像を南禅和尚が伝来諸像を掘り出して新たに御堂を作って安置したのが現在の南禅寺だ。26体の木仏は平成25年（2013）に南禅寺の隣に開館した「伊豆ならんだの里　河津平安の仏像展示館」で鑑賞できる。修験者たちが伊豆辺路を訪れていた頃からあったであろう仏像の数々。その清らかな神々しさは、地域の人たちが大切に守ってきた証である。

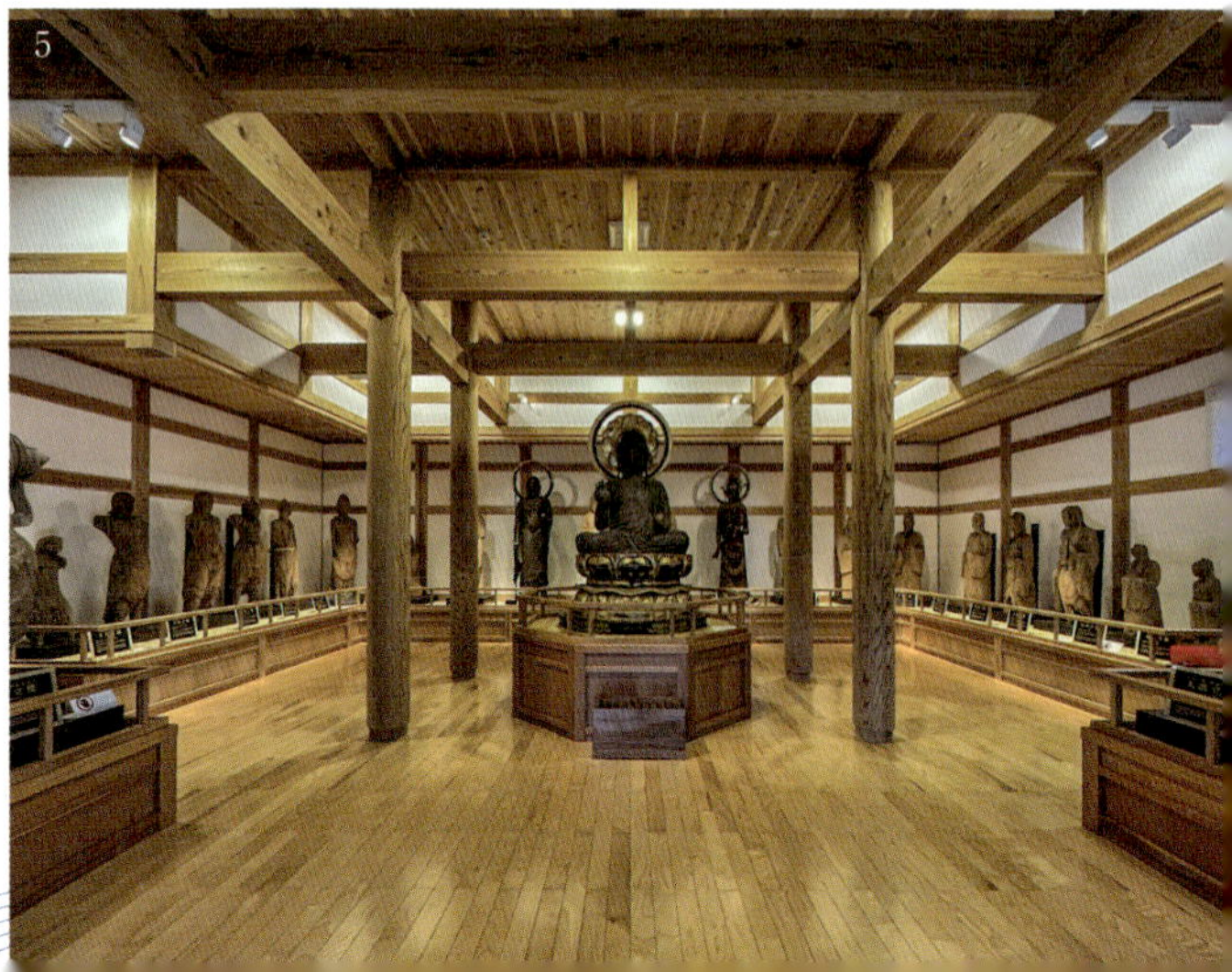

## コースガイド

8 km

| | |
|---|---|
| 今井浜海岸駅 | |
| ↓ | 12分 |
| 真乗寺 | |
| ↓ | 3分 |
| 琴海神社 | |
| ↓ | 30分 |
| 河津城址 | |
| ↓ | 25分 |
| 川津来宮神社 | |
| ↓ | 19分 |
| 河津八幡神社 | |
| ↓ | 28分 |
| 南禅寺 | |

## アクセス

【往路】伊豆急今井浜駅スタート
【復路】伊豆ならんだの里より伊豆急河津駅まで徒歩25分、またはタクシーで5分

Tuishie Spot!

### 女の子の狛犬？！

川津来宮神社の狛犬。向かって右側が髷を、左側が丁髷を結っており、男性と女性になっている。要チェックです。

東伊豆エリア

# 白浜神社～恵比須島コース

SHIRAHAMA SHRINE-EBISU ISLAND course

## 青い空と白い砂 楽園を楽しむ

はるか太平洋を見渡す海岸で、古の神々に祈りを捧げる。
海の玄関口でさまざまな歴史を見てきた下田の町へ。

文:船本祐司　写真:清水玲

### 白浜を出発し、知られざる道を進む

伊豆半島最大の海水浴場である下田・白浜海岸は、全長700mの白い砂浜とエメラルドグリーンの海が広がり、遥か沖合に浮かぶ伊豆諸島も一望できる。周囲の白い崖は伊豆半島が浅い海底火山だった時代に降り積もった火山灰や軽石の地層で、貝殻の化石など古代の海の記憶も残る。白く美しい砂浜は、そうした火山噴出物や貝の化石が波に細かく砕かれ、磨かれることによってつくり出されたという。今回はこの海岸から、須崎半島の恵比須《えびす》島を目指して歩く。

まずは白浜の丘陵に鎮座する伊豆峯次第の拝所・伊古奈比咩命《いこなひめのみこと》神社へ。通称・白浜神社で知られ、主祭神の伊古奈比咩命は三嶋大明神（事代主《ことしろぬしの》命《みこと》、恵比寿とも）の妃神とされる。社伝などによれば2400年前、南方から三嶋大明神が白浜に上陸し、伊古奈比咩命を迎えてこの地に鎮まったという。参道を行くと、御神木「薬師の柏槇《びゃくしん》」が迎えてくれた。推定樹齢は2000年。幹に裂け目があり、その奥の小堂に名前通り薬師如来が

# はるか彼方に望む、伊豆七島。祈りを捧げる

◇1.白浜神社に隣接する火達山(ひたちやま)を上から撮影したもの。ここから平安時代の祭祀用の土師器(はじき)が発見されている ◇2.白浜神社拝殿。本殿に行くには、境内左手の階段を上る ◇3.静けさの中に荘厳な雰囲気が漂う本殿

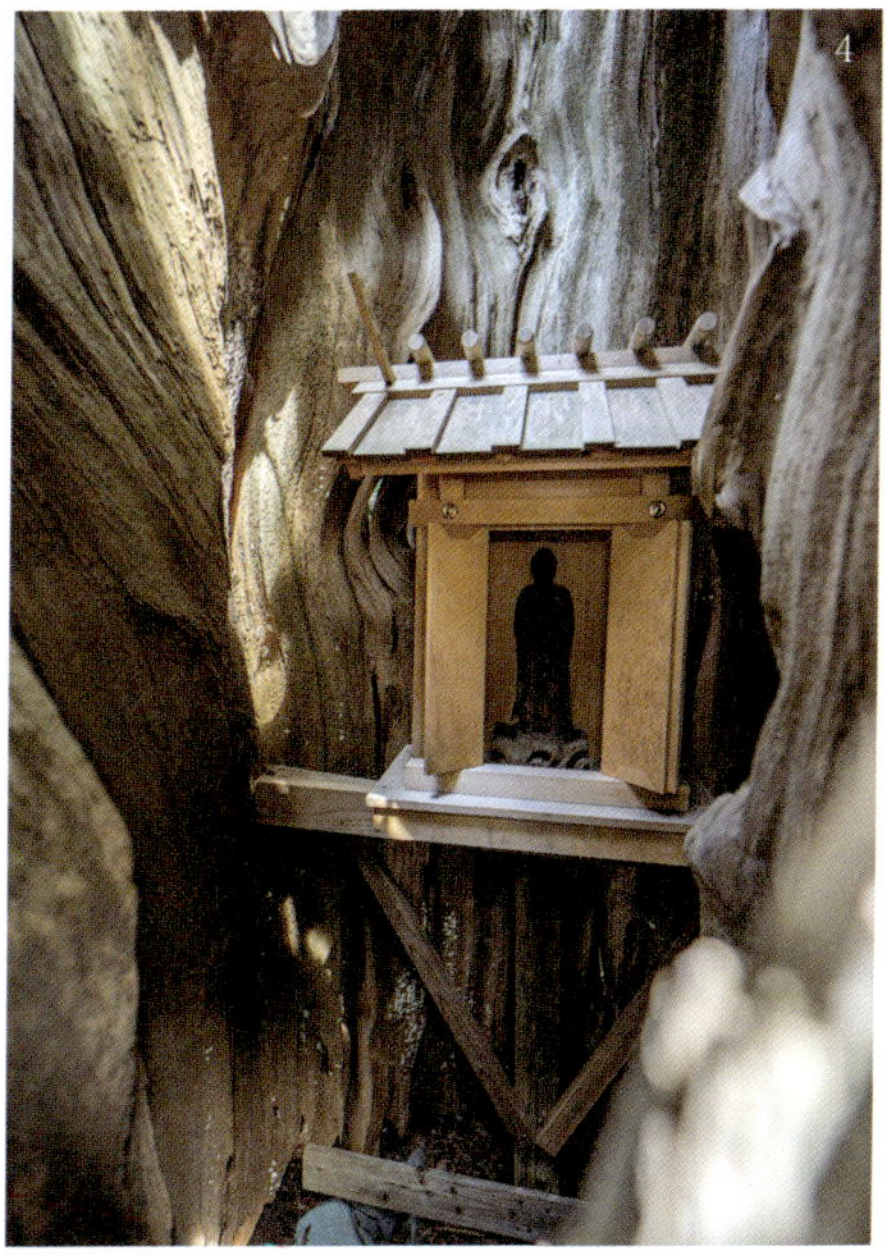

◇4.樹齢2000年といわれる御神木薬師の柏槇(ビャクシン)中に御薬師様が祀られている ◇5.伊豆七島を遥拝するための赤鳥居が海沿いに建てられている

祀られていた。精緻《せいち》な彫刻が施された拝殿にはその薬師如来の座像が安置されていた。明治の廃仏毀釈で解体され、床下に打ち捨てられていたのを発見して復元したものだといわれている。境内では今、神と仏が仲良く調和しているようだ。

　神社の本殿は鎮守の森の中にある。拝殿脇の階段から、国の天然記念物に指定されているアオギリ自生地に入った。「これより御本殿　神域」の看板にちょっぴり背筋が伸びる。本殿の裏手には、古代の祭祀具とみられる土器が出土した火達山《ひたちやま》遺跡もある。当時の人々はたびたび噴火を起こす伊豆の島々を畏怖し、神として祈りを捧げていたのだろう。伊豆峯次第が編纂《へんさん》されたのは江戸時代のことだが、それ以前から伊豆では信仰の歴史が脈々と受け継がれてきたのだ。神社から白浜海岸へと続く岩場の一部も神域とされ、波に洗われる大明神岩の上には赤い鳥居が立っている。島と海、空をつないで遥拝できる絶好のスポットだ。

　サーファーが集う白浜海岸と並行して南へ歩き、ビーチの切れ目から白浜峠を上る。案内役の鈴木秀伸さんから提案があり、狭い旧道の方へ寄り道する。地元で〝さかんだん〟と

呼ばれる坂を行くと、大きな岩穴が現れた。太平洋戦争の時、接近する連合国軍の艦船を監視するために掘られたものだ。こうした監視壕は全国各地に造られたが、戦後ほとんどは埋められたという。ただ、下田には少なくとも6カ所の壕が現存している。内部は想像以上に広く、薄暗くひんやりとしている。時間が凍り付いたような空間を複雑な思いで後にした。

峠を登りきり、東浦路《ひがしうらじ》から外れて国道方面へと下っていけば、拝所・心壇堂之岩屋《しんだんどうのいわや》がある三穂ヶ崎遺跡だ。ここも伊古奈比咩命神社と同様、古代の祭祀が行われた場所である。弘法大師が護摩修行したと伝わる岩屋の壁面には、不動明王像や文字等の墨書が残されている。伊豆の修験者は4人で巡礼を行うが、修験道の開祖・役行者も共に歩くと考えていたため、壁書には「同行五人」とある。伊豆峯次第は18世紀に書かれたものだが、墨書の中には15世紀の日付も見られる。中世の修行形態が近世まで受け継がれていたことがうかがわれる場所だが、現在公開はされていない。

東浦路に戻って緩やかな道を下っていく。記録によると江戸～明治期には、この辺りで白浜峠の茶屋が営まれていたらしいが今は見る影もない。深い林を抜けた先は変則十字路でそこでやぶに当たる。やぶの一角には「博打穴」と呼ばれる庇《ひさし》の地形をした窪みがあるという。戦後、賭場が開かれた場所だったともいわれるが、やぶに埋もれて確認できそうにない。

◇1.道中にあった監視壕。一人で入るのは少々勇気がいる ◇2.白浜の峠越えの途中で出会った祠 ◇3.三穂ヶ崎の手前の鄙びた港。海が美しい

## 吉田松陰の気分で開国の町、下田へ

間もなく視界が開け、下田湾の眺めが美しい道に出た。幕末、密航を企てた思想家・吉田松陰が停泊するペリー艦隊を目指して歩いた所。ここで松陰は黒船を目にできたのだろうか。「上の山」地区に入ると、所々になまこ壁の家。そして日本で初めてアメリカ総領事館が開設された玉泉寺が見えてきた。本堂の前に立つ「牛乳の碑」は、初代総領事ハリスが体調を崩した折、滋養のため近隣の村々から牛乳を購入したことに由来する。当時の日本には牛乳を飲む習慣がなく調達に難渋し、一升（1.8ℓ）の代金に現在の金額で15万～20万円も支払ったという。

玉泉寺から目と鼻の先に、拝所である三島神社がある。バス停の名称は柿崎神社前。境内に悠然と吉田松陰像が立ち、背後には数百万年前に海底火山から噴出した火山灰や軽石が堆積してできた地層が美しい縞模様を描いている。この縞模様から海流の変化や水深も推測できるそうだ。この地層は、静岡県天然記念物にも指定されている。本堂の両脇には狛

◆1.三穂ヶ崎遺跡の洞窟に書かれた墨書。「同行五人」という文字がはっきり残っている

◆2.台座の上にすっくと立ち上がった吉田松陰像 ◆3.三島神社の境内にある狛犬は口の中に球をくわえていて、指で転がせる

◆4.日本初の米国領事館があった玉泉寺 ◆5. 6.三島神社。背後の崖に美しい斜交層理が見える

犬。向かって右側の阿形像は珠をくわえ、歯の間から指で触るとコロコロと動く。一体どうやって彫ったのだろう。

ここから先は東浦路と別れ、須崎半島の最南端を目指す。その前にしばし弁天島で昼食休憩。島の裏側の見事な斜交層理や足元の生痕化石などを見ながら、ふと思いは幕末へ……。尊王攘夷の風が吹き荒れる中、何と吉田松陰と同行の金子重輔はまず世界を知らなくてはと、鎖国の禁を犯し密航を企てた。嘉永7年（1854）3月、東浦路を駆け抜けて弁天島にたどり着き、夜になって下田湾に停泊する黒船に向け荒波を小舟で漕ぎだした。結局、壮図はかなわなかったが、彼らの志には心打たれる。まさに時代の1ページを刻んだ現場なのだ。

須崎へ向かう道は、伊豆半島の山地に比べれば起伏も少なく、平らな地形で歩きやすい。須崎半島は浅瀬や海岸平野が隆起してできた台地。とはいえ、歩きの後半は帳尻を合わせるように急激な下り坂になった。

しばらくすると拝所である両神社に到着。夫婦の宮の祭神はイザナギとイザナミ。伊豆峯次第には「此所にて大小を巡号す、大の節は一宿とす、小の時には下田迄、超えらるるなり」とあり、大波の時はここで一泊、小波の時は下田まで行く方がよいと記されている。須崎は昭和36年（1961）に伊豆急行が開通すると、伊豆で初めて民宿も開業した。民宿発祥の碑もあり、かつてこの地が新婚旅行の聖地だったことを伝えている。

波返しのある港町を歩いていくと、倉庫が見えてくる。ところてんの原料になる天草が山のように積み上がった前で、女性たちが選り分け作業に励んでいた。この季節の風物詩らしい。手際の良さについ見入ってしまった。

ほどなくして、ゴールの恵比須島に到着。須崎半島の南端にぽっかりと浮かぶ小島で、橋を渡って上陸できる。太古の地層が織り成す地層が美しい。周囲にはかつて石を切り出していた千畳敷と呼ばれる平らな磯が広がっている。島の頂上付近には、白浜神社の火達山遺跡、三穂ヶ崎遺跡に続いて本日3カ所目の祭祀跡、夷子《えびす》島遺跡があった。雄大な海を眺めていると、祈りを捧げずにはいられなかった古代人の気持ちが少し分かるような気がした。

1

2

3

◆1. 3.恵比須島を一周する遊歩道では、火山灰や軽石が作る美しい縞模様や水底土石流の景観を楽しめる ◆2.ひっそりとした小径の奥に両神社があった ◆4.島の山頂にある恵比須神社。ここから祭祀遺跡の痕跡や道具が見つかっているそうだ

Corse Map!

コースガイド

11 km

- 白浜神社
- ↓ 40分
- 監視壕
- ↓ 30分
- 心壇堂之岩屋
- ↓ 40分
- 玉泉寺
- ↓ 5分
- 三島神社
- ↓ 50分
- 両神社
- ↓ 10分
- 恵比須島

アクセス

【往路】伊豆急下田駅より東海バス板戸一色行き17分
白浜神社前下車すぐ
【復路】東海バス須崎海岸より伊豆急下田駅まで10分

Inishie Spot!

## テングサ採取

白浜から外浦、須崎にかけてはテングサの採取が盛ん。この辺りで作られた寒天はクセがなく、食感の良い絶品。

走湯山円光院 不動明王 宝暦13年（1815） 個人蔵
（撮影・井賀孝）

Column

# 走湯山の修験道

國學院大學博物館 教授
深澤太郎

## 伊豆の修験道とは？

かつて伊豆半島には、熱海の走湯山（現在の伊豆山）を中心とした日本古来の修験道がありました。

修験道は、森羅万象に神霊が宿ると考える山岳信仰に、神道や密教などが融合した宗教であり、自然の奥深くに分け入って修行することで験力を得るものとされています。

このコラムでは、明治初年の廃仏毀釈によって封印されてしまっていた走湯山修験の全体像について、新たに分かってきたことも含めて解説していきましょう。

## 修験道のはじまり

日本独自の山岳宗教である修験道は、在来の山岳信仰を基盤として、密教や道教的方術などの影響も受けながら、平安時代半ばから鎌倉時代にかけて次第に明確な形をなしていったとされる。しかし、これに先立って、「神道」の原型が整えられつつあった古墳時代の人々は、山のピークを踏むことがなかったらしい。山の頂は、神の坐《いま》す聖なる空間だったからである。そのかわり、山麓において神を祀り、神の恵みを願った。

ところが、仏教が伝来した飛鳥時代になると、大寺（官寺）の制度が整えられるとともに、僧侶らが修行を行う拠点としての山寺も設けられるようになっていく。また、最澄・空海らが体系的な密教をもたらす前から、部分的ながら密教経典が将来されており、山中における修行も行われはじめた。大和金峯山《きんぷせん》の頂（山上ヶ岳）に残されていた奈良時代末から平安時代初頭にさかのぼる護摩の痕跡は、修行者が直接神仏の世界に分け入るようになった時代の幕開けを物語るものである。

修験道の開祖とみなされている役小角《えんのおづぬ》は、その直前にあたる飛鳥時代、7世紀後半頃に活躍した有力な呪術師であった。後に典薬頭《くすりのかみ》となった韓国広足《からくにのひろたり》の師でもあり、メディスンマン（呪医）としての能力も長けていたに違いない。文武天皇3年（799）に讒言を得て「伊豆島」へ流されたと『続日本紀《しょくにほんぎ》』にあり、それから100年ほど後の平安時代初頭に成立した『日本霊異記《にほんりょういき》』にも、「伊豆大島」に流された「役優婆塞《えんのうばそく》」が、昼こそ皇命に服して島に留まっていたものの、夜になると富士山に住まいしたという説話が伝わる。

このような役行者が大和金峯山にて感得したとされる修験道の本尊は、寛弘4年（1007）に藤原道長が埋納した山頂経塚出土経筒の銘文に見える「蔵王権現《ざおうごんげん》」にほかならない。後周の義楚が編んだ『義楚六帖《ぎそりくじょう》』に「本国都城の南百余里に金峯山有り。頂上に金剛蔵王菩薩有り。第一の霊異なり」とある通り、その尊名は早くも10世紀半ばまでに遠く中国まで及んでいた。

かかる蔵王権現の激しい憤怒相を呈する像容が明確になったのは、平安時代半ばにあたる11世紀頃のこと。これに先立つ10世紀半ばには、諸国の霊山などで修行する「山臥《やまぶし》」らの活動が活発になっていたことからも、修験道成立史における一大画期を11世紀前後に見出すことができよう。

## 走湯山における修験

伊豆国走湯山に拠った修験は、静岡県熱海市伊豆山の浜に湧き出る温泉「走湯《はしりゆ》」に対する信仰を基盤とした。『伊呂波字類抄《いろはじるいしょう》』などの記述を総合的に解釈すれば、霊湯の奇観を背景として当地に修行した甲斐の賢安が、夢告を受けて承和3年（863）に走湯山東明寺の礎を築き、後の伊豆山「下宮《しもみや》」付近に観世音菩薩を祀っ

役行者椅像 文明16年（1484） 伊豆山神社蔵

---

**役小角《えんのおづぬ》**

修験道の開祖とされる役小角は、役行者・役優婆塞《えんのうばそく》などの呼び名でも知られている。平安時代初期編纂の『続日本紀《しょくにほんぎ》』に登場することから、飛鳥時代に実在した人物であることは確かだが、生没年などの詳細は明らかでない。役小角には、数多くの伝説が残されており、偉大な修験者として崇められてきた。御遠忌（没後）1100年とされた寛政11年（1799）には、光格天皇より「神変大菩薩」の諡《おくりな》を賜っている。

**典薬頭《くすりのかみ》**

律令制における医療制度は、「医疾令」と呼ばれる法に規定されていた。この制度の中で、宮中の医薬や薬園などを担当していた役所が宮内省に属する典薬寮《てんやくりょう》。その長官が典薬頭であり、専門職員として医師・針師・按摩師・呪禁師らがいた。

**韓国広足《からくにのひろたり》**

役小角の弟子とされ、文武天皇3年（699）に役小角を告発した人物とする説もある。道教的な呪禁の名人として朝廷に支え、天平4年（732）に典薬頭となった。

て以来、東国有数の霊場が整備されていったものと思われる。そして「走湯」は、10世紀中頃に藤原明衡《ふじわらのあきひら》が著した『新猿楽記《しんさるがくき》』の中で熊野・金峰をはじめとする「山臥修行」の道場とされ、12世紀後半に後白河院が編んだ『梁塵秘抄《りょうじんひしょう》』においても富士・戸隠・伯耆大山などと並ぶ「霊験所《れいげんしょ》」と評された。14世紀初頭までに成立した『走湯山縁起《そうとうさんえんぎ》』では、「相模国唐浜《さがみのくにからはま》」(大磯)に出現した円鏡が、「日金山《ひがねさん》」(十国峠)に飛来して走湯権現の由来となったと説かれるなど、新たな解釈も試みられていく。

ところで、伊豆を拠点として平氏を打倒した源頼朝以降、北条氏・足利氏・後北条氏ら有力な武家の崇敬対象となった走湯権現《そうとうごんげん》は、そもそも天台・真言両派の影響下にあり、中世から幕末まで天台系の伝統も受け継いでいた一方で、別当密厳院《みつごんいん》の院主を主に真言僧が務めるなど、徐々に真言系が優位を占めていった。豊臣秀吉の小田原攻めに伴って荒廃した後は、徳川家康の支援を受けて復興を遂げ、高野山系の般若院が別当となって幕末に及ぶ。さらに、明治初年の神仏判然令によって別当般若院から独立した走湯権現は、伊豆山神社と改められて今日に至った。

このような走湯山に興った修験については、肝心な中世の文献資料が殆ど残されていない。しかし、相模金沢山称名寺に伝わった14世紀初頭の『走湯権現当峯辺路本縁起集《そうとうごんげんとうぶへじほんえんぎしゅう》』には、伊豆半島の縁辺、すなわち「伊豆峯《いずみね》」の「辺路《へじ》」を開いたとされる藍達聖人・金地聖人・役行者・賢安らの物語が描かれている。江戸期における走湯山修験や、伊豆峯辺路修行の実態に関しては、18世紀段階の伊豆峯拝所を列挙した『伊豆峯次第《いずみねしだい》』や、修験七坊の首座であった円光院が別当般若院に提出した19世紀の『修験古実書上』に詳しい。

ちなみに、江戸時代の真言系修験は、当山派《とうざんは》法頭の醍醐寺三宝院支配となることを通例とした。しかし、中世から「伊豆方」と呼ばれる教学を生み出していた走湯山では、修験も「伊豆派」を名乗って別当般若院のみの支配を受けるなど独自の立場を維持しており、天台系の行法をも受け継いでいたことが知られている。なお、神仏分離に際して伊豆山神社の禰宜《ねぎ》となった走湯山修験だが、旧円光院千葉家のように、本尊不動明王を神式にて祀り続けるなど、古くからの伝統を護持していた事実も明らかとなってきた。

## 「伊豆峯」辺路修行の形成

『修験古実書上』によると、江戸期の走湯山修験は、役行者を祀った行者堂を拠点にして走湯権現の祭祀に参画していたという。

その代表的な年中行事の一つが、12月15日から翌正月28日にかけて、伊豆半島の縁辺を東回りに一周しつつ、定められた拝所を巡拝する「伊豆峯」の「辺路」修行であった。約260カ所に及ぶ拝所の詳細は、峯入り修行のための覚書である『伊豆峯次第』に記録が残されている。

辺路修行自体は、『走湯権現当峯辺路本縁起集』の存在が示しているように、遅くとも14世紀までには原型が成立していたに違いない。もっとも、そこから『伊豆峯次第』が編まれるまでの500年間には、拝所の増減や、巡拝のルートに変動があった。ここでは、数多ある拝所の一々について詳しく見ていく余裕はないため、考古学的な知見も交えつつ伊豆峯辺路修行の展開過程を概観しておきたい。

まず、9世紀から10世紀頃には、古墳時代から連綿と営まれてきた熱

---

『続日本紀《しょくにほんぎ》』
平安時代初期に編纂された勅撰史書(勅選史書とは、天皇の勅命を受けて編纂されたもの)。『日本書紀』に続く六国史の2番目であり、文武天皇から桓武天皇の時代までを記録する。編者は、菅野真道ら。

『日本霊異記《にほんりょういき》』
平安時代初期の仏教説話集。正式名称は『日本国現報善悪霊異記』。役行者のエピソードと同じく、奈良時代前後の物語が多い。著者は、薬師寺の僧、景戒。

『義楚六帖《ぎそりくじょう》』
10世紀半ば頃、五代の後周に成立した仏教に関する辞典。単語を分類ごとに区分して、その用例を収集する「類書」として編纂された。著者は、中国斉州の僧、義楚。

『伊呂波字類抄《いろはじるいしょう》』
平安時代末期に『色葉字類抄』として成立した日常語の辞書。編者は、橘忠兼。その後も度々増補され、鎌倉時代初期に10巻本の『伊呂波字類抄』が編まれた。和語・漢語をイロハ順の48編に区分し、21部門にわたって語彙を収集している。諸社・諸寺の記録も豊富。

霊場・霊験所
神仏の霊験あらたかな場所。参詣の対象となる神社仏閣や、神仏ゆかりの地など、古くから信仰されてきた宗教空間であり、経塚や墓地を伴うものもある。今も一般の人々だけでなく、修験者やお遍路さんが訪れている場所が多い。

箱根権現縁起絵巻 天正10年（1582） 個人蔵

海市多賀神社（上多賀宮脇遺跡）のような「聖地」に続いて、後に修験の中核となる走湯山や、多数の平安仏が祀られていた河津町南禅寺をはじめとする「山林寺院」など、伊豆峯拝所の前身が個別に展開していく。また、下田市白浜神社といった、在地信仰の核となる空間において明確な祭祀行為の痕跡が認められはじめた11世紀から、神社等においても和鏡の奉納が顕著に見られるようになった13世紀頃にかけては、半島各地に経塚を伴う多数の「霊場」が形成され、現在の伊豆山神社境内域にも伊豆山経塚が営まれた。大和吉野から紀伊熊野を縦走する大峯奥駈道において、始点・終点にあたる吉野金峯山頂の金峯山経塚と、熊野本宮付近の備崎経塚が造営されたように、伊豆半島を巡る縁辺にも伊豆山経塚のみならず、沼津市楊原神社付近の香貫山経塚、三島市三嶋大社付近の西岩崎経塚など、多数の経塚が設けられたのである。

14世紀から16世紀には、東伊豆町薬師之岩屋・下田市心檀堂之岩屋など、修験者の「行場」と見られる海蝕洞穴などに考古資料が認められるようになり、「伊豆峯」を役行者の足跡とみなす信仰のもと、それまでに形

### 神仏判然令

慶応4年・明治元年（1868）、明治政府は神道を国教化するための政策の一環として、神社から仏教的な要素を排除することを求めた。神名に仏教的な用語を用いている神社の改称や、本地仏・鰐口・梵鐘といった仏像・仏具の取り外しなどが命じられたのである。江戸時代まで民衆の中に神仏混淆の形で定着していた修験道は、この命令によって急速に崩壊に向かった。さらに、明治5年（1872）には、修験道廃止令によって、多くの修験が廃業に追い込まれ、還俗して神主になる、寺院として存続する、帰農するなどの選択を迫られた。

信仰の源泉とされる熱海の「走り湯」

成されてきた聖地や霊場を拝所として巡拝し、半島を一周する伊豆峯辺路行が定型化していった。17世紀以降については、具体的な考古資料に乏しいものの、行場における修行より拝所の巡拝に重きが置かれるようになったらしい。しかし、慶応4・明治元年（1868）の神仏判然令を受けて、走湯山の一山組織が解体されると同時に、修験も消滅を余儀なくされた。四国遍路などとは異なり、民衆に開かれていなかった伊豆峯辺路は、修験の廃止とともに担い手を失ったのである。

このように、9世紀頃から整備が進んだ走湯権現を中心として、古墳時代以来の「聖地」を前身とする神社や、11世紀から13世紀にかけて形成された「霊場」が伊豆峯辺路の主要な拝所となり、14世紀頃から修験窟などの「行場」が整備されるに及んで、走湯山修験の体系も確立していく。これら由来が異なる数々の聖地・霊場を、伊豆峯という一つの宗教空間に統合した媒介は、かつて伊豆に足跡を残していた実在の優婆塞《うばそく》（男性の在俗仏教徒）、役行者その人の存在であった。

## 走湯山と富士山信仰

ところで、伊豆と富士とは、先に見た役行者の物語のみならず、走湯権現の本地である「千眼大菩薩」（『伊豆国神階帳』ほか）と、富士の「浅間大菩薩」（『富士山縁起』ほか）が共に「センゲン」の名で共通している事実が示すように、古くから浅からぬ関係にあった。

この富士山頂にある大日寺は、富士上人・大棟梁権現こと、末代《まつだい》が久安5年（1149）に建立したものと『本朝世紀』に記録されている。建長3年（1251）に編まれた『浅間大菩薩縁起』には、富士を開いた金時上人・覧薩上人・日代上人、そして走湯山出身の末代上人に至る法統が示されているが、末代以前の伝説的人物が『走湯権現当峯辺路本縁起集』などの登場人物と似た名前であることも、走湯山と富士との深い関係を示唆するものであろう。

男神立像（平安時代）と走湯権現立像（鎌倉時代）伊豆山神社蔵　画像提供・奈良国立博物館

心壇堂之岩屋の内部に墨書された不動明王　文明10年（1478）

なお、末代を祖と位置付けた「村山修験」の拠点である富士山興法寺、すなわち現在の村山浅間神社境内では、竈《かまど》をもつ竪穴建物跡から墨書土器を含む甲斐型土器や、緑釉・灰釉陶器など、9世紀〜10世紀の遺物が出土しており、修験道成立以前にお

**末代《まつだい》**
平安時代の僧侶であり、村山修験の祖といわれている。富士市にある実相寺（当時は天台宗）開山の智印の弟子。幼い頃から走湯山にて修行を重ね、富士の開山以前は、伊豆山・箱根山を拠点として、日金山の地蔵堂（日金山東光寺）を開いたとされる。『浅間大菩薩縁起』によれば、長承元年（1132）に富士山の登頂に成功し、久安5年（1149）に富士山頂の大日寺を建立。富士宮市村山の富士山興法寺は、村山修験の中心として栄えた。

ける山林修行者の姿が垣間見える。

　また、『本朝世紀』には、久安5年（1149）に鳥羽法皇らが結縁《けちえん》して書写した一切経を、末代が富士山頂に埋納したとある。富士山本宮浅間大社が所蔵する富士山頂三島ヶ嶽（文殊ヶ嶽）出土の『無量義経』・『妙法蓮華経』などが、これに相当するものであろう。吉田口登山道五合五勺の経ヶ岳では、同じく朱書きの『仏説観普賢菩薩行法経』が発見されているが、これらは併せて法華三部経と呼ばれており、それぞれが全く無関係に埋納されたものとは思われない。『甲斐国誌』によれば、かつて吉田口二合目の御室《おむろ》に祀られていた日本武尊《やまとたけるのみこと》像・女神像は、走湯山の覚実・覚台が、各々20度・25度に及ぶ富士修行を記念して、文治5年（1189）と建久3年（1192）に造立したものという。このように、早くも12世紀の内には、走湯山の行者たちが、村山口・吉田口からの富士登拝を実践していたのであった。

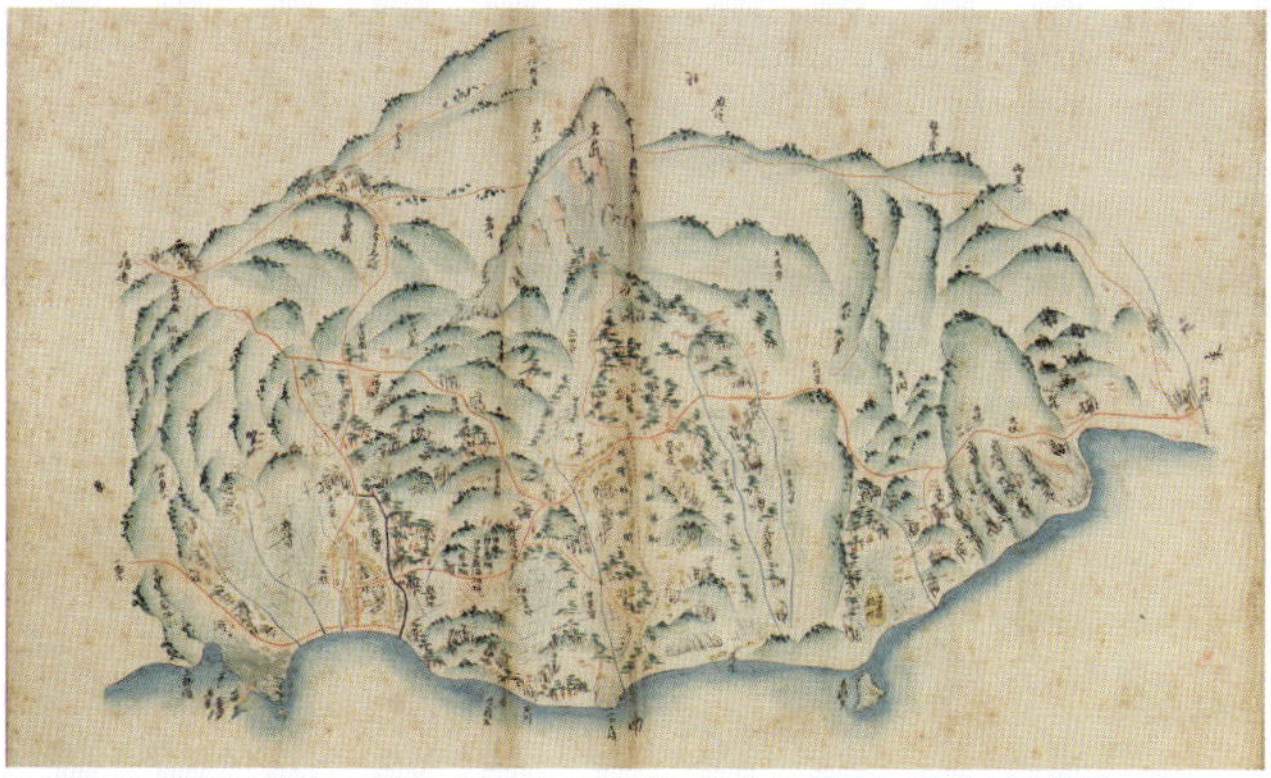

走湯山四至傍図（江戸時代）伊豆山神社蔵　画像提供・奈良国立博物館

　その後も、醍醐寺文書の応永5年（1398）「伊豆密厳院領関東知行地注文」に「富士村山寺」の名が挙げられている通り、富士山における修験の拠点であった村山は、少なくとも14世紀末まで走湯権現別当密厳院の末とされてきた。15世紀以降、聖護院との関係を深めた村山修験は、本山派修験に属することになったが、古くは走湯山の強い影響のもとにあったのである。実際、14世紀の『走湯権現当峯辺路本縁起集』では、「浅間之頂」を伊豆峯の中心、伊豆峯の東西を金胎両部とみなしていた。一方、走湯山修験と村山修験が分離した後、江戸期の『修験古実書上』では、伊豆峯を胎蔵界「中台八葉院」と位置付けながらも富士についての言及を欠くなど、次第に宗教的空間認識も変容していった様子が窺われる。

伊豆山経塚出土経筒（平安時代）伊豆山神社蔵　画像提供・奈良国立博物館

### 中台八葉院

中世の走湯山修験は、伊豆峯の中心を浅間之頂（富士山頂）とし、その東西を大日如来の智慧の働きを説いた『金剛頂経』にもとづく「金剛界」と、慈悲の働きを説いた『大日経』にもとづく「胎蔵界」とみなしていた。要するに、奥伊豆の峰々を、両界曼荼羅に描かれた世界になぞらえたのである。このような世界観は、部分的に江戸期まで残され、南伊豆町の石廊権現あたりを「不二金胎」の地とする記録もある。一方、江戸期には、伊豆峯の全体を胎蔵界の中心に位置する「中台八葉院」とみなすようになった。中台八葉院では、蓮華の中央に大日如来、連弁に四仏・四菩薩が位置する。なお、同じく江戸期の伊豆峯は、『法華経』を講義する法会の「法華八講」に由来する「八講峯」とも呼ばれた。このように、重層的な世界観が、伊豆峯に投影されてきたのであった。

十国峠からの富士山

Inishie Road

古

いにしえの道

# MINAMI IZU

## 南伊豆エリア

秘境と呼ぶのがふさわしい、半島最奥の地
ダイナミックな大地と祈りの道
大いなる存在を感じられるエリア

◎田牛－弓ヶ浜コース　◎石廊崎－中木コース
◎入間－吉田コース　◎子浦－落居コース

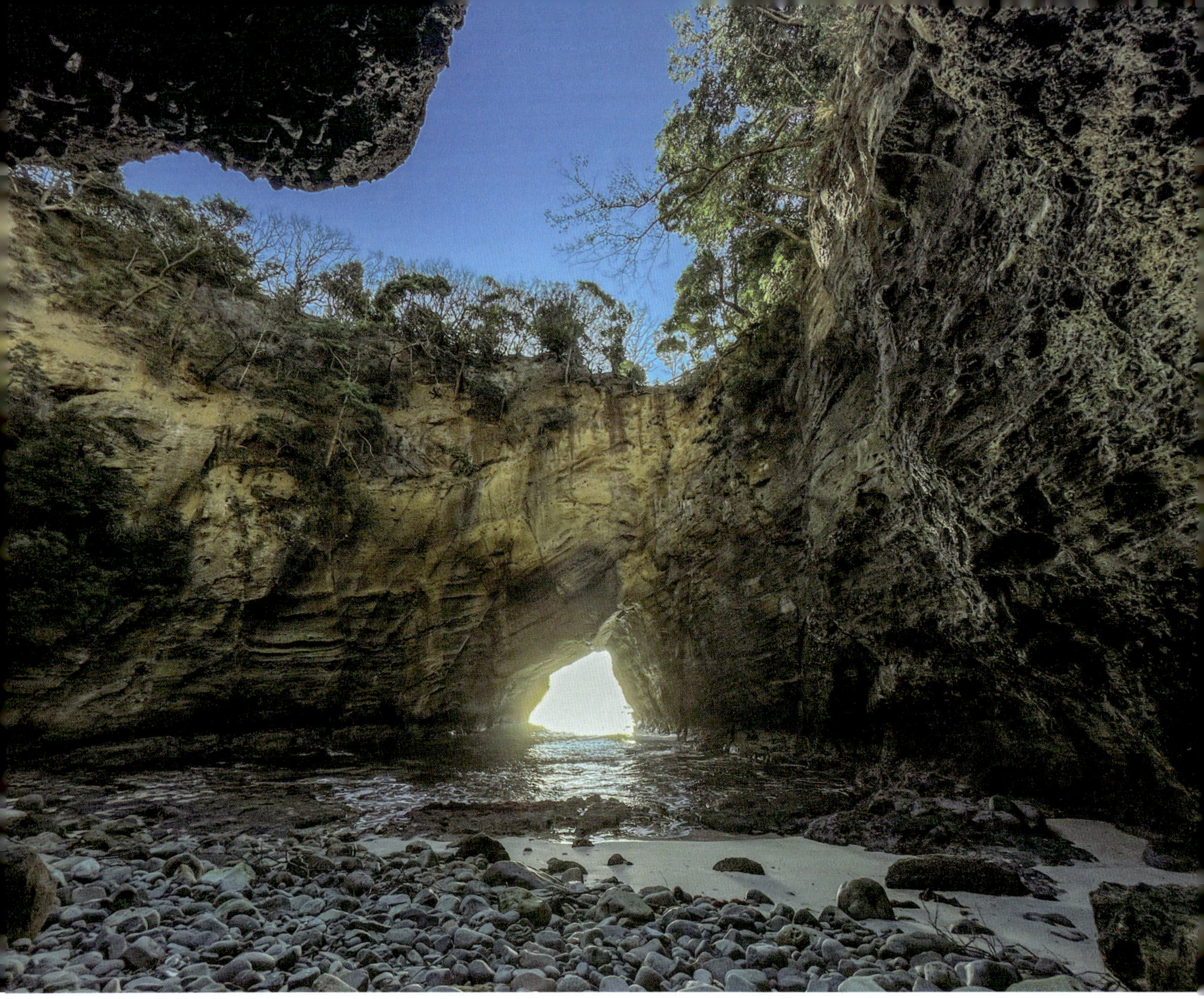

TOUJI-YUMIGAHAMA course

# 自然が作り出した奇跡の風景

南国ムード漂うビーチは、太古の火山から生まれた。
大地と風と波が作り出した、世にも美しい場所。

文:船本祐司　写真:清水玲

南伊豆エリア

## 田牛～弓ヶ浜コース

### 歴史ある集落で平安時代を感じる

伊豆半島南部の人気リゾート地・下田市は、温暖な気候と9カ所を数える美しいビーチで知られている。下田市の南端に位置する田牛《とうじ》もその一つ。国道から逸れた車道の終点にあり、秘境ムード漂う穴場スポットだ。今回は田牛の龍宮窟《りゅうぐうくつ》からさらに南下、美しい景観で知られるビーチ・弓ヶ浜を目指す。

龍宮窟は波による浸食により、陸地が削られることで形成された海蝕洞だ。落盤によって、天井には直径50mもの穴が開いている。まずは天に開いた窓の周囲に設けられた遊歩道を歩く。上から見ると天窓がハート型に見えることから、恋人たちにも人気だという。伊豆諸島をはるかに望む光景は、確かにロマンチックだ。

洞窟内に下ると、火山礫や火山灰の堆積層がつくる黄褐色の地層の壁と、青い海水のコントラストに目を奪われた。天窓からは光が降り注ぎ、辺りは寄せて返す波の音に満たされている。美しい風景が広がる田牛の中でも、とりわけ神秘的なスポット

✿1.スキー場は駐車場付近の店舗でサンドスキーをレンタルできる ✿2.かなりの急坂 ✿3.スキー場奥には、奇怪な形の溶岩流や岩脈が ✿4.寒い時期に咲くアロエ。青い空に紅色が映える ✿5.アシタバ。伊豆半島では、天ぷらやおひたしで食べられている

である。

余韻に浸りつつ、龍宮窟を後にした。付近を散策すると、今度は巨大な砂の斜面が現れた。高さ70mはあろうか。強風によって吹き寄せられた砂が、海蝕崖の斜面に積み上がって形成された、天然のサンドスキー場だ。傾斜面は常に約30度で一定しているため、ソリ遊び場として活用されている。一帯の崖では、海中に噴出して割れてしまった溶岩流（水冷破砕溶岩）や、それを貫いてマグマが移動した岩脈なども間近に観察できる。

「さらに奥に案内したい場所があります」と、案内役のジオガイド・池野玉枝さん。足元に注意しながら斜面の上部をたどり岸壁を越え、奥海後海岸と呼ばれる一帯に出た。辺りを囲む岩盤の一部が、明らかに人為的に削り取られ、どこかアート作品のように見える。池野さんによると、ここは江戸時代とみられる石切場の跡。かつて伊豆半島沿岸部にはこのような小規模石切場が数多くあったという。大地を相手にノミを振るった伊豆人のたくましさが目に浮かぶようだ。

海岸沿いから田牛の集落に向かって進む。かつて青野川河口から支流の鯉名《こいな》川沿岸一帯は蒲屋御厨《かばやのみくりや》といわれた。平安時代には伊勢神宮外宮の神領だったという。「御厨」とは天皇家や伊勢神宮などへの捧げものを調達するための領地、荘園を指す。普通は米や海産物などの食糧を納める例が多かったが、この一帯は毎年鍬を貢納したとの記録が残る。「多々戸」や「金原」など、製鉄を思わせる地名が残っており、黒潮が結ぶ交易を通じて古くから栄えた歴史があると考えられている。

しばらく行くと、伊豆峯次第の拝所・長谷寺《ちょうこくじ》が見えてきた。寺には平安時代後期作とされる阿弥陀如来像が安置されており、国の重要文化財に指定されている。住職の話によると、この阿弥陀如来像は源平合戦の口火が切られた治承4年（1180）、

田牛地区に漂着したものだという。当初は岩穴に祀られていたが、後に寺に迎えられて、本尊となった。眼を直に彫った彫眼が特徴の檜《ひのき》の寄木造りで、優しく穏やかな表情からは平和を願う仏師の思いが込められているようだ。

田牛の集落を後にして、弓ヶ浜へと続く海岸線、タライ岬遊歩道を歩く。素彫りのトンネルを越えて緩やかな坂道を上ると、少しずつ視界が開け、波の音も聞こえてくる。道の先には小さな島——拝所・遠国島《おんごくじま》の姿があった。地元の人々から〝遠国さん〟の名で信仰を集める聖地で、頂上には古代の祭祀の跡もある。かつては女人禁制の地だった。先ほど

## 神々にも愛された 陽光輝く海の色

◇1.~3.行基が開いたといわれる古刹、長谷寺。遠国島の岳浦に流れ着いた木仏の阿弥陀如来坐像は国の重要文化財 ◇4.田牛集落 ◇5.遠国島と三日月の大洞

の長谷寺の本尊も当初はこの地に漂着したと伝わる。

先へと続くウバメガシのトンネルを抜け、1000本以上が植栽されているヤブツバキの森に入った。ちょうど潮が引いていたので、海岸沿いの道を歩いて、タライ岬の先端に出る。水平線が緩やかなカーブを描き、雄大な太平洋と伊豆七島を一望する絶景が広がる。東には先ほど遠国島と、下弦の月のように見える「三日月の大洞」。西には遠くに石廊崎《いろうざき》、その手前には修験者・役小角《えんのおづぬ》が休んだと伝わる蓑掛岩も見える。この岬からは奈良時代の土器も発見されているという。遠国島と同様、〝祀りの場〟であったことの証しかもしれない。火山列島への畏怖と恩恵が、信仰の源泉となったのだろう。

ウバメガシから穏やかな灌木の中を下って、荒々しいゴロタ石の磯・逢ヶ浜《おうのはま》に出る。目の前には海底火山の噴出物によって形成された独特な景観が広がり、海からは三角のエビ穴や雀岩《すずめいわ》、姑岩《しゅうとめいわ》と呼ばれるさまざまな奇岩が顔を出している。干潮時には、エビ穴の前に放射状に広がる柱状節理や割れ目のある岩脈などが見られるほか、雀岩へと続くトンボロ現象(陸続きの砂州)も現れる。雀岩は潮が満ちてくると、雀の群れの鳴き声のような音を立てるという不思議な岩でもある。岩場には小さな生き物が無数に生息し、知る人ぞ知

1

◇1.ヤブツバキやナンテン、ヒメユズリハの灌木の中を歩く ◇2.素掘りのトンネルも今は珍しい ◇3.ヤブツバキが植栽されている森 ◇4.タライ岬先端の絶景

4

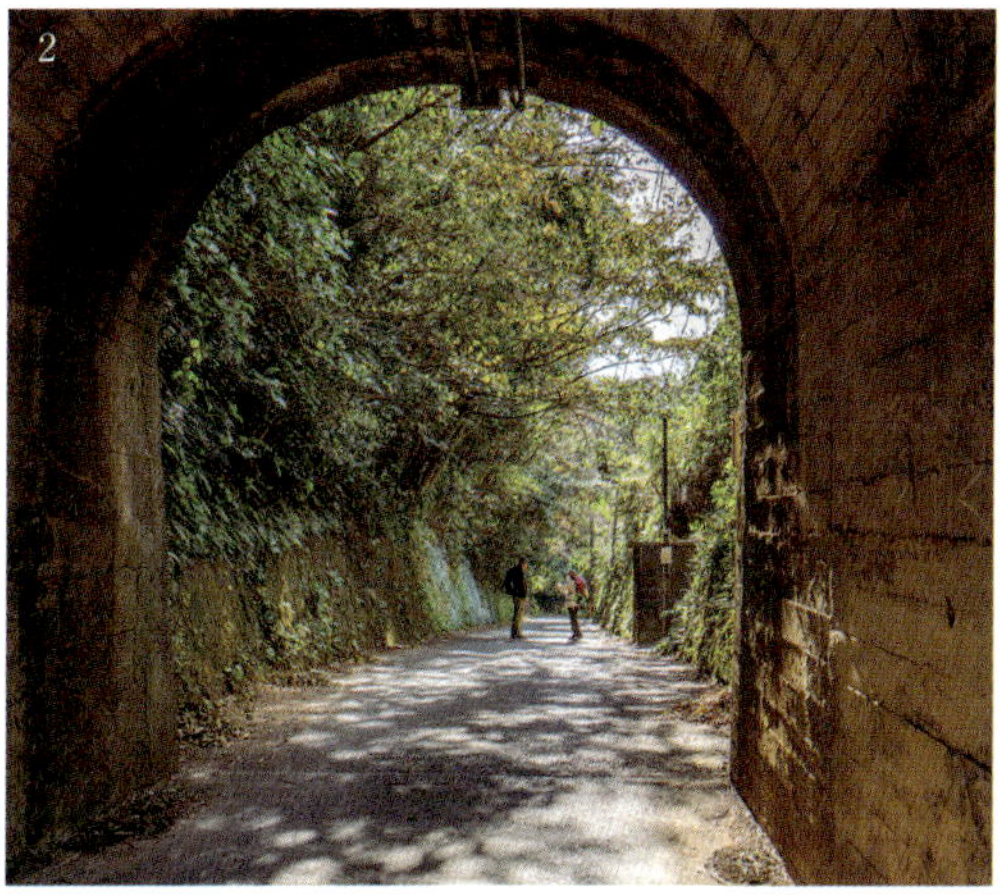

2

3

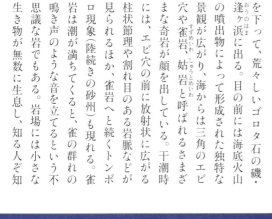

◇1. 2. 4.「逢ヶ浜」と書いて「おうのはま」と読ませる。さまざまな形の奇岩があり、磯遊びも楽しめる隠れたスポット

◇3. 若宮神社。延喜式名帳には、竹麻神社三座の一座とされている。観光地にあるのにひっそりと静まり、神々しい雰囲気だ。樹齢800年の大楠も威厳を添えている

る磯遊びのスポットにもなっている。

逢ヶ浜を抜けて、車道を歩くと、弓型の美しい弧を描いた美しい砂浜が見えてきた。弓ヶ浜だ。これまで見てきた荒々しい海岸とは対照的な、長さ1200mのロングビーチは青野川に流されてきた砂粒が帯状に溜まってできた「砂嘴《さし》」という地形。かつては〝鯉名の大港〟と呼ばれ、風待ち港として栄えた場所だ。南伊豆随一のビーチリゾートとして、毎年多くの海水浴客、レジャー客でにぎわっている。

弓ヶ浜は女性らしい白浜の女の浜《めーのはま》、逢ヶ浜は男性らしい岩場の男の浜《おーのはま》と地元では呼称されてきた。田牛もそうだが、南伊豆地方の地名は読み方が難しい。ちなみに、逢ヶ浜の名前の由来は「恋人たちが逢瀬を重ねる場所」「王がたどり着いた場所」など諸説あるそうだ。

弓ヶ浜から北に進めば本日のゴール。拝所の天神神社と若宮神社は、合祀されている。鳥居をくぐると、樹齢800年ともいわれる巨大な楠の姿があった。かつて巡礼で訪れた人々もこの木を目にしたに違いない。境内はひっそりと静まり返り、弓ヶ浜の波音だけが聞こえていた。

Corse Map!

コースガイド

9.3 km

| | |
|---|---|
| 龍宮窟 | |
| ↓ | 8分 |
| 長谷寺 | |
| ↓ | 65分 |
| タライ岬 | |
| ↓ | 25分 |
| 逢ヶ浜 | |
| ↓ | 10分 |
| 弓ヶ浜・若宮神社 | |

アクセス

【往路】伊豆急下田駅より東海バス田牛行き18分　田牛バス停下車すぐ
【復路】弓ヶ浜温泉口バス停より伊豆急下田駅まで20分

Tsuishie Spot!

## 田牛青少年海の家

かつては地域の小学校「登自小学校」だった木造校舎。風情ある建物は、ドラマなどのロケにも活躍しているそうだ。

IROZAKI-NAKAGI course

# 太古の大地と、紺碧の海のスペクタクル

伊豆半島の最南端に位置する石廊崎。
自然の持つパワーを信じた人びとの歴史を感じて。

文:田邊詩野　写真:清水玲

南伊豆エリア

## 石廊崎～中木 コース

### 絶壁にへばりつくように建てられた神社の謎

石廊崎の港は数々の入り江がある伊豆半島の中でもひときわ細長く、1㎞近くに渡って湾入した静かな港だ。集落はかつて長津呂と呼ばれ、読みは「ながつろ」、長鶴村、長津留村という漢字で書かれることもあったようだ。津呂とは、もともとは瀞《とろ》の意であるらしい。瀞とは川の水が深く、流れがゆるやかなところをいうが、赤・青・黄色の可愛らしい遊覧船マリンバード号が停泊している港は、その名の通りおだやかで湖のような静けさだ。しかし高所から俯瞰《ふかん》してみれば、起伏の激しい海岸に、海から突き出たたくさんの岩という荒々しい姿で、このエリアがかつての海底火山の溶岩流でできた地形であることがよく分かる。

港は戦後、新婚旅行のメッカとして栄えたが、昭和49年（1974）の伊豆沖地震で土産物屋も潰れてしまい、今では遊覧船乗り場もひっそりとした風情だ。駐車場には石廊崎に縁の深い役行者の大きな立像が立っている。役行者の像は座る姿がほとんどで立像は珍しい。平成3年に南

◆1.日和山に行くにはガイドの同行が必要 ◆2.南伊豆の彫刻家山田進さん作の役行者像 ◆3.日和山の上からは、岸に向かって細長く入り込んだ長津呂の地形がよく分かる ◆4.夕景の美しい灯台。今も現役で活躍している

伊豆在住の彫刻家山田進さんが制作したものだと、駐車場の受付をしている女性が教えてくれた。この地には役行者の伝説がいくつも残っている。曰く、石廊崎東の海岸沖にある〝蓑掛け岩〟は、役行者が飛行用の蓑をかけて休んだ岩だという話や〝手石〟という集落名が役行者に退治された鬼女が逃げる時に石に手を突いた跡が残ったことから来ているという話、そして疫病と天災で人びとが飢えと病に苦しんでいるのを憂いていた役行者の夢枕に十一面観音が立ち、薬草（一説にはアロエ）を授けて民を助けたという話などなど。

　さて、ここから港の西側の歩道を登って石廊崎オーシャンパークに向かう。のんびり15分も歩くと広々とした駐車場に着き、オーシャンパークの建物が見えたところで、ジオガイドの池野玉枝さんに「ちょっとこっちへ入りましょう」と突如、左手の山道へ案内された。トベラの木やつばきなどの林を登ること7〜8分ほどで日和山《ひよりやま》と呼ばれる尾根の一番高い場所に着いた。先ほどまでいた長津呂の全貌が、はるか下方に広がっている。戦時中は本州に侵攻する連合軍の先鋒を警戒して、軍が見張を立てた場所ではないか、などという話も地元の人から伝え聞き、当時に思いを馳せて水平線を眺めてみる。

　日和山を下り、石廊崎オーシャンパークで一休みして今度は灯台を目指す。石廊崎には400年ほど前から灯台はあったが、現存する灯台は明治4年（1871）に英国人R.H.ブラントンの設計監理の下で建てられた。青い海に映える白い姿を眺めながら、石室《いろう》神社に歩道を下ると視界が開け、真っ白に渦巻く波間に洗われる、ゴツゴツした溶岩流の海岸線と太平洋が一望できる。そこから崖の先端に向かって左に折れると、階段下の断崖の窪みに挟み込まれるようにして石室神社の社殿が見えた。主祭神は伊波例命《いはれのみこと》、延喜式名帳にある伊波例命神社はこの石室神社であるともいわれる。初めて堂が建てられたのは大宝元年（701）、伊豆大島に流された役行者《えんのぎょうじゃ》が十一面観音菩薩の神託を受けて十一面観音を祀った時とされる。石廊権現《いろうごんげん》、石廊崎権現《いろうざきごんげん》とも呼ばれ、伊豆峯次第の拝所となっている。石廊崎の崖に数多く見られるこの蜂の巣状の窪みはタフォニと呼ばれ、海水に溶けていた塩類が岩石を侵食し、風化することでできるものだ。社殿の下には、長さ12mほどもあろうかという帆柱

# 壮大な自然の中で 神を敬い、 その恵みに感謝する

◇1. 5.修験者たちはこの景色に何を見ていたのだろうか ◇2. 3.石室神社の造りの不思議は、今もって伝説の中にある ◇4.谷文晁の絵のコピー。見事な描写は当時を偲ばせる

が土台として入っており、一部ガラス張りになっている社殿の床からのぞくことができる。これほど立派な帆柱を一体どうやってこの場所に据えたのだろうか。この謎は今も、海の難所である石廊崎沖に伝わる伝説と共に、伊豆の七不思議に数えられている。

石室神社がある断崖からは、尾根のような岬が海に伸びている。最突端に建つ熊野神社は、伊豆の縁結びの神様として知られている。風が強い日にうっかり煽られたりしたら海に落ちてしまいかねないような場所なのだが、ちょうど船の舳先のような最突端に立てば、海と空を全身に感じられるパワースポットでもある。石廊崎周辺の見事な景色は寛政5年（1793）、老中松平定信と共に伊豆を巡視した谷文晁《たにぶんちょう》も描いており「公余探勝図」として発表している。

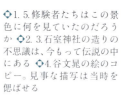

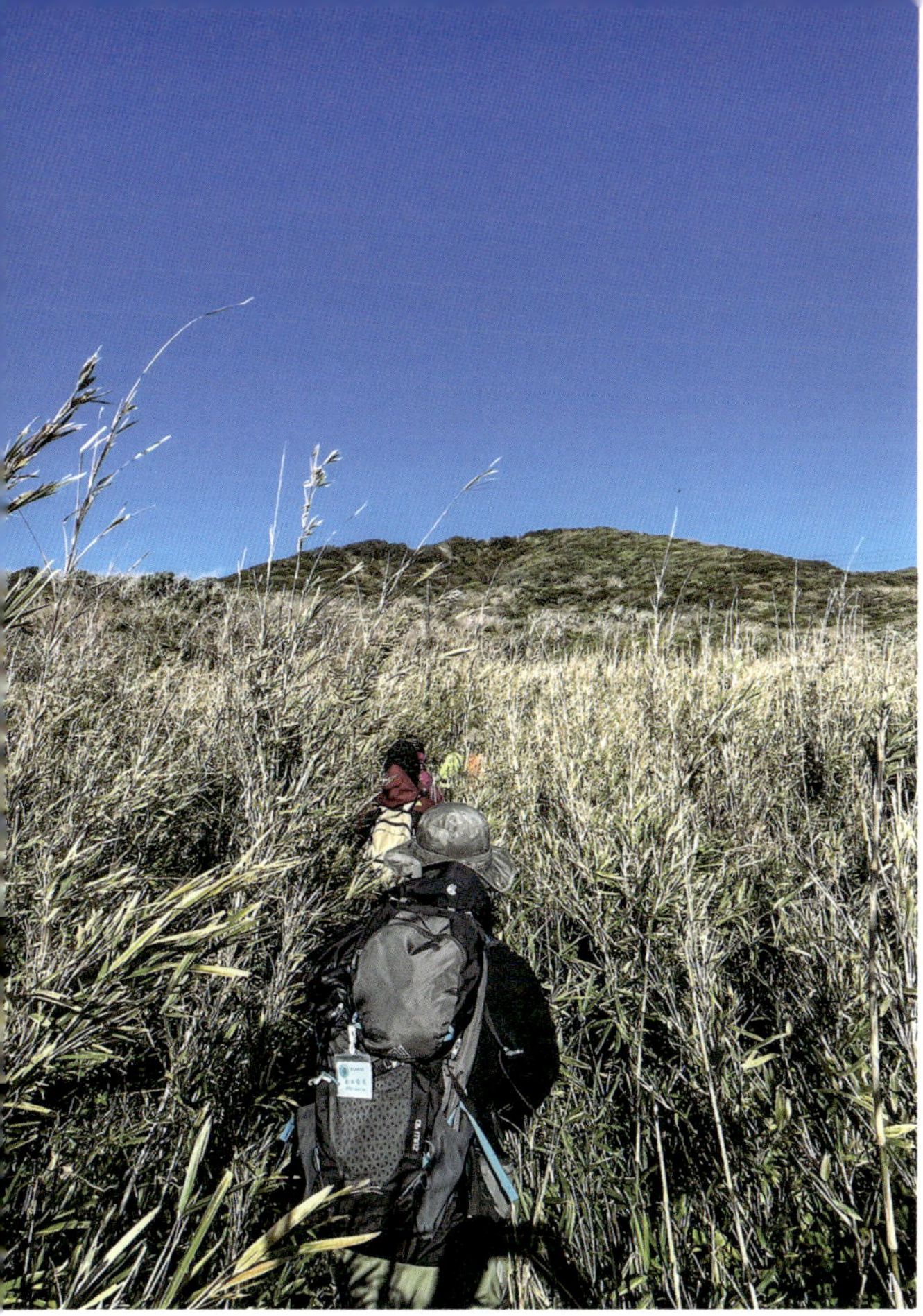

## 太古の火山を感じながら静かな風待ち港中木へ

参拝を済ませて来た道を戻り、いったん県道16号線に出てしばらく車道を歩く。交通量は多くないが、信号や横断歩道もないため、車には注意したい。長津呂歩道の案内看板が見えたら、右へ曲がってカヤトの原を歩く。石廊崎とはまた雰囲気の違う穏やかな丘陵地帯で池の原と呼ばれている。春には山菜が、秋には一面のススキやワレモコウが楽しめるという。日当たりの良い灌木と草の野原をしばらく歩いていくと「中木《なかぎ》の方角石跡」があった。航海のために使われた気象予報の道具で、方位を示した方角石。実物は旧三浜小学校に収蔵されている。

ここからコースは照葉樹林の森の中へ。先ほどまでとは様相の違う薄暗い森の中を進む。道を横切るような倒木などもあって、ジャングル探検のような気分だ。しばらく進むと山の斜面に再び巨大な岩のタフォニ

1.伊豆半島には珍しい、広々と気持ちの良い丘陵地帯を進む 2.道を塞ぐように倒れている倒木。ひこばえが幹から天を向いて伸びていた 3.~5.太古の火山の痕跡が強く残る地形

が顔を出した。登っていくと、自然が作った見事な祠の中に供養塔が並んでいる。いずれも四国八十八ヶ所供養塔だと、ガイドの池野さんが教えてくれた。そこから小さな峠を越えて下っていくと県道に出る。少し歩き、中木に向かう道に入る。少々急な坂を下っていくと、途中に石切場の跡があった。道の脇を下りたところにポッカリと大きな洞窟が口を開けている。中木は妻良《めら》や子浦《こうら》と並んで、古くは風待港として栄えた静かな入り江だ。伊豆半島沖地震で甚大な被害を負ったが、現在は日本一美しいともいわれるヒリゾ浜の渡しなどで夏場は人気の高いリゾートとなっている。石切場跡を抜けて、ゴールの中木港に下りた。港の駐車場には海からの強い風が吹いて、波がスプリンクラーの水のように舞っている。港の向こうに火山の根っこといわれる柱状節理の岩山が、幻想的に浮かび上がっていた。

◇1.四国八十八ヶ所供養塔。見事な自然の祠に守られている ◇2.道中で見かけた祠の中にあった石仏。ここがかつての生活道であったことが分かる ◇3.中木集落に降りる途中の石丁場跡

**コースガイド**

6.3 km

石廊崎港
↓ 15分
日和山入り口
↓ 8分
日和山頂上
↓ 6分
日和山入り口
↓ 10分
石廊崎灯台
↓ 10分
石室神社
↓ 15分
石廊崎オーシャンパーク
↓ 25分
長津呂歩道入り口
↓ 30分
中木港

**アクセス**

【往路】伊豆急下田駅より東海バス石廊崎方面行き40分
石廊崎港口徒歩7分
【復路】東海バス中木バス停より下田駅方面行き60分

*Tuishie Spot!*

## 中木の柱状節理

海底火山のマグマの通り道である火山の根と、マグマが冷え固まる際に堆積が縮むことでできた柱状節理。今にも吸い込まれそうな迫力！

IRUMA-YOSHIDA course

# ダイナミックなジオを感じながら歩く

南伊豆の最奥にひっそりと位置するまさに秘境。
荒々しい自然の中に住まう神々を訪ねる。

文:田邊詩野　写真:清水玲

南伊豆エリア

## 入間〜吉田
コース

### 民話の世界が色濃く残る入間を出発して千畳敷へ

南伊豆町の秘境とも呼ばれる入《いる》間《ま》・吉田間は、海底火山が作ったダイナミックな景観を楽しめるコースだ。アップダウンの激しい山道なので登山靴や携行食の用意をして出かけることをお勧めする。

出発は入間の港。浜は港を中心にお椀型に深く弧を描いた入江になっていて、穏やかな波が寄せては返す静かな石の浜だ。遊歩道に入る前に少々寄り道をして集落の高台にある三島神社へ。創建は不詳、祭神は事代主命《ことしろぬしのみこと》とされているが、式内社「穂都佐氣命神社《はつさけのみことかみのやしろ》」の論社(式内社と同一、もしくはその後裔)としての記載もあるらしい。参道の入り口は階段で2本の巨大なビャクシンに挟まれて鳥居が立っている。伊豆峯次第に書かれた拝所「身コスリ木」とはこのビャクシンか、あるいは階段を上がり切ったところのタブの木ではないか?という説もあるそうだ。

その根拠は、地元に残る民話にある。かつて中木にあった海蔵寺が入間に移転する前、この辺りは大池という沼地が広がっていた。この水を

# 小さな島々が見渡せる遥かな海に、深呼吸する

◇1.入間からの上りの景色。美しい海と小さな島々の絶景が楽しめる　◇2.3.蛇の伝説が残る三島神社。集落を見下ろす場所で、地域の人を護っている

◇4.遊歩道の入り口に立派な魚供養塔がある。この上に、名も無い神社があり、古びた祠が祀られている。神様はどこにいるのだろう？
◇5.シイやカシ、ツバキなどの照葉樹林は伊豆らしい明るい森。気持ちの良いウォーキングが楽しめる

排したところ蛇が現れて娘の姿になり、水を求めて入間の村にやってきたという。井戸の水を飲み干した娘は再び蛇の姿となり、身をこすりながら木に巻きついた。以来、その木を「身コスリ木」と呼ぶようになったという話だ。そんな話を聞くと、静かな境内になんとなく神話的な雰囲気が漂っているような気がしてくる。

　さて、再び入間の港に戻り、入江の右手に見える遊歩道へと進む。入り口には案内板があり、近くには魚供養塔が立っていた。凝灰岩の石段の上には鳥居が見える。上っていくと、社名もなく、四角い石窟の中に小さな祠があった。

　ここからシイやカシの生い茂る森を上る。途中、先ほどの民話に出てきた蛇が空を飛んでいってそこで息絶えたという住吉島が見えた。横に見える小さな島は、きみかけ島というのだそうだ。しばらくはアップダウンが続くが、海を見ながらの歩きは楽しい。やがて眼下に千畳敷が見え、そこを過ぎると陸側に大日如来と古い地蔵菩薩と思われる石碑があり、すぐに舗装道路に出る。周囲にはトベラ、アジサイ、ウツギ、野バラ、シロダモ、さまざまな植物があり、

# 息を呑む風景は まさに火山の贈り物

◆1.千畳敷から富戸の浜へ向かう絶景 ◆2.千畳敷手前にある大日如来の石碑 ◆3.迫力のある「迷い蛇」◆4.ウツギの花

◆5.海底に降り積もった火山灰や軽石からなる美しい地層が広がる千畳敷。いつからあるのか分からない巨石も、風や波に侵食されて摩訶不思議な風景が広がっている

道すがら季節ごとの花々も楽しめそうだ。

林道の終点は広場になっており、案内看板がある。入間の歩道入り口からここまで40分、千畳敷には15分ほどで下りられる。背丈ほどのスズタケに囲まれた細い道に入り、しばらく歩くと視界が開けて、荒々しい山と海の姿が目に飛び込んでくる。ここからは、山腹を縫うように付けられた階段をひたすら下りていく。道中には貝などの生物が這い回った生痕化石や、太古のサメの歯の化石が観察できる岩などがあった。岩山の真ん中を蛇行しながら岩脈が突き抜けている光景も迫力がある。ジオガイドの鈴木不二子さんが「あれは迷い蛇と名付けられてます」と教えてくれた。

## 海と大地が織りなす
## 唯一無二の絶景が望める

下り切って波打ち際に貼りつくような歩道を進んでいくと、目の前に千畳敷が現れた。海底に降り積もった火山灰や軽石からなる切り立った地層の崖、その下に広がっている岩のテラスのような磯、コバルトブルーの海。奥に聳《そび》えている三ツ石岬には、真っ白な火山灰の地層をマグマが貫いて上っていった岩脈が見えている。平らな磯場はかつての石切場であり、人工的に切られた跡があちこちに残っている。タイドプール（潮だまり）は稚魚や小さな貝類が育つゆりかごとなり、海藻も揺らめいていた。外国の古代遺跡のような雰囲気に、ここが日本であることを忘れそうになる。こちらは冬の強風の時はかなりの危険が伴うので、立ち寄りたい人は天候チェックをすることをお勧めする。また、戻りの階段はかなりキツいので、時間に余裕を持ちたい。

林道終点の広場に戻って、吉田方面を目指す。再び照葉樹林の山道に入り、度々現れるゴツゴツの巨岩に挟まれるようにして歩く。峠を上り切ると高さ160ｍほどの高台に出た。疲れを忘れるような絶景ポイントだ。前方右側に吉田の浜が小さく見える。ここからはカヤの原を気持ちの良い風に吹かれながら下る。下り切るとゴロゴロした石ころの富戸《ふど》の浜に出る。これまで下りてきた入間側の山と吉田側の山の間に囲まれた入江には、多くの流木や洗剤容器やペットボトル、粗大ゴミの切れ端などが打ち上がっていた。海流の関係で漂着物が集まりやすい場所なのだろう。歩く以外にここを訪れるルートはない。ここまで美しい海を眺めてきただけに現実を見る思いもしたが、これもまた自然の不思議という

◇千畳敷のタイドプールには、さまざまな種類の海藻が繁茂しており、稚魚や貝、ウニ、カニなどの生き物たちが見られる

3

1

2

◇1.かつて軟石の伊豆石を採石していた千畳敷には、遺跡のような雰囲気も漂う ◇2.歩いてしか辿り着くことができない富戸の浜は、まさに秘境 ◇3.富戸の浜から吉田へ

◇1.白鳥神社の見事なビャクシン。迫力ある姿に圧倒される ◇2.遊歩道から降りると海岸に沿って舗装された道路に出る ◇3.神社入口は、海岸線から山手に向かって入る。低いカヤ類が茂る野原を突っ切って歩くと参道が見えてくる ◇4.白鳥神社は航海安全だけでなく、安産の神様としても知られている

ことだろうか。浜を横切る間に、分厚い殻を持つ巻貝の貝殻が2、3個拾えた。

ここから吉田の浜へ向かうには、崖から流れ出ている細い沢の岩場を上がり、沢沿いを進む。確か数年前はロープがあったが今回は見当たらず、気をつけながら上っていく。途中で沢を渡り、また急な上りを行く。20分ほど歩いてようやく高台に出たら一休み。海からの風を受けてひと心地つく。振り返ると、三ツ石岬の西側が見えた。絶景の展望だが道は崖に面しており、風の強い日などは足を踏み外さないように注意したい。

照葉樹林の林を抜けて吉田の浜まで一気に下る。整備された防波堤の向こう側には、ダイナミックな海と山の間に円く収まった石浜の小さな入江があった。5分ほど歩くと白鳥神社がある。どことなく南国の寺院のようなムードが漂う参道を辿ると、神社の入り口には一本のビャクシンの巨木が猛り狂ったように枝を広げていた。高さ10m、幹の太さは4mほどもある樹齢約800年の老木だという。創建は不詳だが、「航海安全の神」「安産の神」として知られている。祭神は、日本武尊《やまとたけるのみこと》とその妃である弟橘姫命《おとたちばなひめのみこと》。安産祈願では、夫婦でおみくじを引き、無事にお産を終えた夫婦は小穴を開いた柄杓と麻ひもを持って、お礼参りをするという変わった習わしがあったようだ。境内にもビャクシンやソテツがあり、独特の雰囲気が漂っている。もともとあった社殿は、昭和49年（1974）の伊豆半島沖地震の際に落石の被害を受けて、立て直したものだという。

吉田は今や数軒の住民しかいない静かな集落だ。船着場はないが、かつては稲作を行い、船を出して海苔《のり》を作ったり、ムロアジを採ったりしていたという。現在はキダチアロエの産地として知られており、冬場はいたるところでアロエの赤い花が見られる。実は伊豆峯次第に記載のある拝所は、入間・吉田ではまだ見つかっていない。けれど修験者たちが歩いた時代の記憶は、この風景に閉じ込められている気がした。

**コースガイド**

8.5 km

入間港
↓ 5分
三島神社
↓ 40分
千畳敷
↓ 60分
富戸の浜
↓ 60分
白鳥神社

**アクセス**

【往路】伊豆急下田駅より下賀茂行き27分、下賀茂で乗り換えて中木行き20分、入間下車
【復路】東海バス吉田口バス停より伊豆急下田方面行き45分

*Inishie Spot!*

### サメの歯

千畳敷に降りる途中の岩についていたサメの歯の化石。ある時、ポロリと剥がれてしまい、とりあえず南伊豆ジオガイドの会で保管している。

KOURA-OCHII course

# 雄大な自然に守られた小さな入江

かつて海の要衝だった妻良・子浦。
海と山に囲まれて生きてきた集落の歴史を辿る。

文:田邊詩野　写真:清水玲

南伊豆エリア

## 子浦～落居 コース

### 子浦の港を出発、迷路のような路地歩き

伊豆半島南西の静かな港町、妻良《めら》、子浦。湾の入り口は自然の地形でなだらかに窄まっており、山々に抱かれるような穏やかな海の情景が広がっている。この二つの集落は、古くから遠州灘を越えてくる船の風待ち港として栄えた。船人たちは〝東の風の時は妻良に、西風の時は子浦に〟と風向きによって入る港を変えていたという。難所の遠州灘を越えて安全に江戸まで行くために、長ければひと月以上逗留《とうりゅう》して、日和見（海の天候を見る）を待った。陸を行こうにも、そこは〝妻良の七坂、子浦の八坂〟と呼ばれる起伏の激しい土地であり、昭和9年（1934）に県道が開通するまで地元住民の交通手段はもっぱら舟だった。

今回は子浦からスタートして、まさに船の日和見をした日和山《ひよりやま》を越えて落居《おちい》までを歩く。スタートは集落の入り口にある駐車場。脇から上がって伊豆峯次第の拝所、住吉神社に参拝する。落ち葉の積もった階段を上ると小さな社殿があり、タブノキの巨木が枝を広げている。住吉神

社は航海の神様といわれているが、創建などは不明だ。ここから集落を巡り、日和山遊歩道の入り口まで進む。すぐ近くには伊鈴川《いすずがわ》神社があった。県道開発の際に五十鈴川神社と伊勢宮が合祀された社で、人形三番叟が伝わっている。西伊豆の牛越神社や佐波神社でも行われている伝統芸能で、江戸時代の人形の頭《かしら》は、国登録の有形民俗文化財に指定されている。

静かな境内を後にして集落を行く。あちこちに立つ庚申塔を横目に、海蔵寺から海岸の方に向かう。子浦は海水浴場の真ん中あたりを境に、東子浦、西子浦という二つの集落に分かれている。西は漁業中心の文化、東は農業中心の文化と、明らかに異なる個性を持っているのが特徴だ。地図で確かめると、東と西に見事に分かれてそれぞれのエリアに住宅が密集しているのが分かる。小さな集落の中に、これだけ多くの寺社仏閣があるのも頷ける気がした。特に西側に入ると、車が通れない路地が何本もあって、迷路のような漁村の雰囲気と、風待ち港として栄えた往時の華やかさが感じられる。

海岸まで出てしまえば日和山遊歩道の入り口がある西林寺まではすぐだが、ひとまず海岸を背に、西子浦地区の集落にある拝所の八幡神社に寄ることにした。細い道を上り、途中「みかげや」という民宿の看板が見えると「日和山で風読みした人の屋号がそのまま旅館の名前になっているんですよ」と、ジオガイドの池野玉枝さんが教えてくれた。

八幡神社はこの道沿いにあり、階段を上ると拝殿がある。屋根の上には、天満宮の梅鉢と八幡宮の三つ巴、それぞれの神紋が仲良く並んで金飾りになっている。聞けば、天満宮は後から合祀されたもので、元々は

1

3

2

4

5

6

◆1. 2.最初の拝所・住吉神社 ◆3. 4.伊鈴川神社の境内と人形三番叟で使われる人形 ◆5. 6.子浦の集落は、昭和そのままの風景や路上の石仏などが数多く残っている

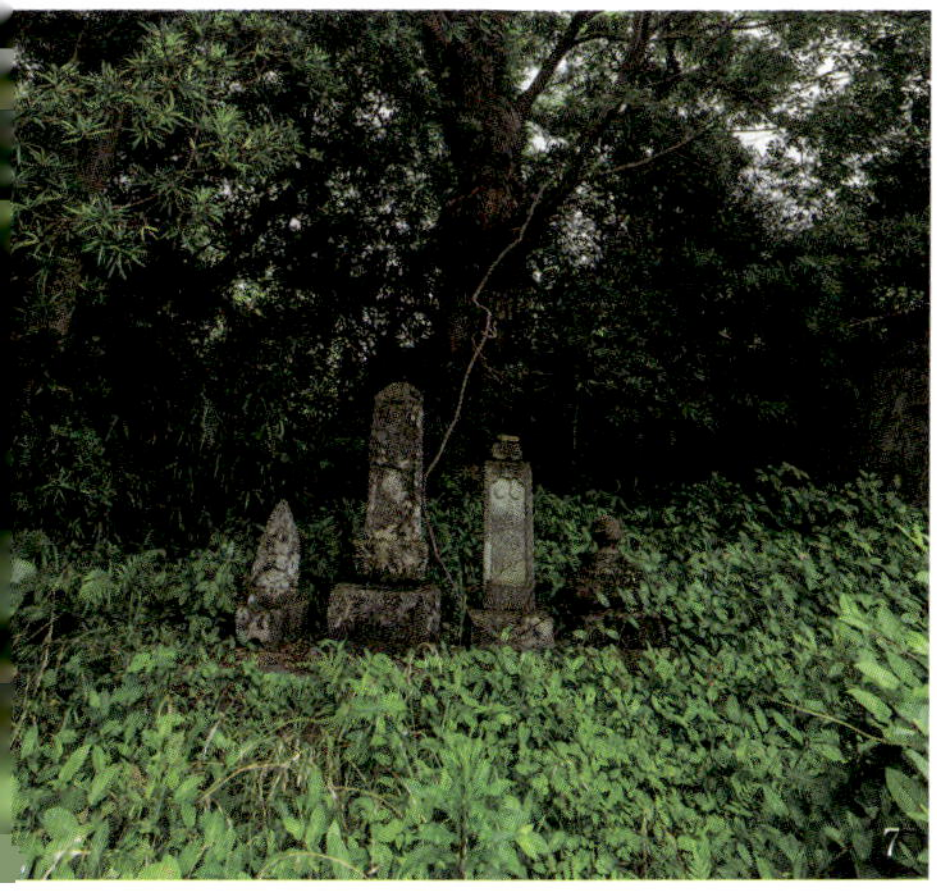
7

8

9

◆7.西子浦の集落。道沿いには古い石仏 ◆8.かつて日和山で風読みをしていた家。屋号「みかげや」だけが残っている ◆9.八幡神社境内から覆屋へ

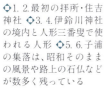

◆1.~3.八幡神社の狛犬。毬や子どもを携えている狛犬は近代以降のものといわれる。鎌倉時代までは、阿吽の阿形は獅子、吽形は狛犬と別の霊獣だった ◆4. 5.八幡野神社の神紋、梅鉢と三つ巴 ◆6.集落は車の通れない路地が多い ◆7.西林寺 ◆8.西林寺から日和山へ遊歩道を上る ◆9.迫力ある推定土石流の崖

式内社・伊波久良和氣命神社《いわくらわけのみことかみのやしろ》の論社だったという由緒ある神社だ。拝殿の後方に覆屋《おおいや》があったが車などもなく、ひっそりと静まって厳かな雰囲気に包まれていた。伝承によると、事代主命《ことしろぬしのかみ》(三島大神)が伊豆に来られた際、まず妻良に上陸して妃神をその地に、次の子浦に御子である伊波久良和氣命を置いたという。江戸時代の安政の地震のときは、神社の階段下から2段目まで津波が来たという記録もあるそうだ。

## 荒々しい自然の中に人々は神を見出した

神社を出て旧三浜小まで上ってから、集落をUの字にまわるように引き返して下りる。途中、子浦出身で大正・昭和時代の政治家小泉策太郎(号は三申)が建てた別荘があった。門の奥に見える江戸数寄屋造りの家は品格のある美しい佇まい。現在ティーサロンとして一般の人も利用できる場所になっている。寄ってみたいと思いつつ、今回は先を急ぐ。路地の階段はコンクリートになっており、密集した家々の間を一列に縫うように歩くのが楽しい。この舗装工事も小泉三申の尽力によるものだという。ほどなく、伊豆横道三十三観音の31番札所である臨済宗の潮音寺に到着。短い階段を上がると広々とした境内にこざっぱりとした本堂があった。いらしたご婦人に聞けば、現在は無住の寺だが、開けて見て良いと案内してくれた。ここで軒先を借りて昼食をとり、しばし休憩。再び迷路のような路地を抜けて、港の入り口にある西林寺へ。14代将軍家茂お手植えの黒松が残る古刹で、小泉三申や詩人の石垣りんの墓があることでも知られる。昭和20年(1945)には横須賀海軍警備隊が逗留し、本土決戦に備えて壕の掘削をしたという。現在も墓地の奥に遺構があるという。

ここからはやや厳しい上りの山道に入っていく。ゴツゴツした岩がところどころむき出した山道は、ウバメガシの群生地でもある。上り始めてほどなく弁財天を祀った社があり、さらに急階段を上ると、目の前に大波がそのまま岩になったかのような半洞窟、その中に西国33ヶ所の観音霊場を模した石仏群「子浦三十三観音」が現れた。荒々しい岩山から下界を見下ろすように、ずらりと並

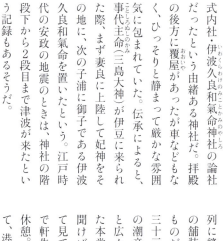

◆1.自然の祠と呼ぶにはあまりに見事な三十三観音。落石には十分注意して ◆2.地蔵鼻に下りる途中に、巨大な海食崖がある。壮大な景色にしばし足が止まる

# 大迫力の断崖 ガリバーの気分を味わおう

ぶ姿が神々しい。
　日和山の頂上に向かう前に、三叉路を曲がってサメの歯のようなギザギザした海岸線の出っ張りの一つ、地蔵鼻に下りてみる。急な下りを200mほど行くと、巨大な岩壁が二つに裂けたようにそそり立つ場所に出た。バームクーヘンのように美しい縞模様の地層と、石の塊が絡まり合った層が混在している。潮風と波に削られて庇《ひさし》のように突き出した岩もあれば、地面にはゴロゴロと転がる巨石もある。まるでガリバー旅行記の小人になったような気分だ。
　岩壁の間をすり抜け、海を見つめて立っている転ばし地蔵を拝みに行く。かつて子浦が風待ち港として栄えた頃、遊女が客を引き留めようと、海が荒れるようにこの地蔵を転ばしたことがその名の由来だという。

　三叉路の分岐を戻り、しばらく歩くと道は見晴らしの良い草原に出た。妻良の海、その向こうの太平洋がはるかに見渡せる、日和山の頂上だ。空も海も雄大な姿で広がり、対岸の陸地が大きなワニかイノシシのような形に見える。ここには、かつて灯台の役割を果たした「ひよみの灯」の跡も残っている。県道沿いの峠の茶屋までは、歩いて5分か10分ほど。
　途中、落居の海が見えてきたら県道はすぐそこだ。ゴールの落居集落方面に下りてトンネルをくぐれば、子浦の砂浜から一転、石ころ浜の美しい落居海岸に出る。静かな浜の奥にある三社神社もまた修験者たちが立ち寄った拝所である。高根神社、貴船神社、伊勢神明が合祀された鄙《ひな》びた社が、西陽の中に静かに佇んでいた。

◇1.日和山山頂付近。後方に妻良港西の海岸線を見ることができる。巨大なイノシシかワニが伏せたような形が面白い ◇2.3.転ばし地蔵から子浦港を見る。海のジオをカヤックで巡るのも楽しそうだ ◇4.~6.落居集落の三社神社。ひっそりとした境内には誰もいなかったが、拝殿は開いており、素朴ながらきちんと整えられ、丁寧に祀られていた

Corse Map!

コースガイド

6.5 km

子浦駐車場 住吉神社
↓ 3分
伊鈴川神社
↓ 4分
八幡神社
↓ 4分
潮音寺
↓ 3分
西林寺
↓ 10分
三十三観音
↓ 30分
ころばし地蔵
↓ 30分
落居口
↓ 15分
落居海岸 三社神社

アクセス

【往路】伊豆急下田駅より東海バス堂ヶ島、伊浜方面行き43分子浦下車

【復路】東海バス落居口バス停より伊豆急下田方面行き48分

Tuishie Spot!

旧家・浄行院

子浦出身の政治家・小泉策太郎(号は三申)別邸のアプローチ。築100年の美しい古民家は、現在ティーサロンkibiとして運営されている。

Column

# 伊豆半島のジオと信仰

一般社団法人 美しい伊豆創造センター
ジオパーク推進部 専任研究員　遠藤大介

## 火山がもたらす恵み

伊豆半島は、ユネスコが認定する世界ジオパークです。その成り立ちは、日本の中でも唯一無二といって過言ではありません。3つのプレートがひしめき合う本州の真ん中あたりに位置する伊豆半島は、唯一、フィリピン海プレートの上に位置しているのです。

そんな特異な大地を持つ伊豆半島のユニークな地形と、人びとが育んできた歴史文化には、どうやら大きな関わりがあるようです。

# 伊豆半島の成り立ち

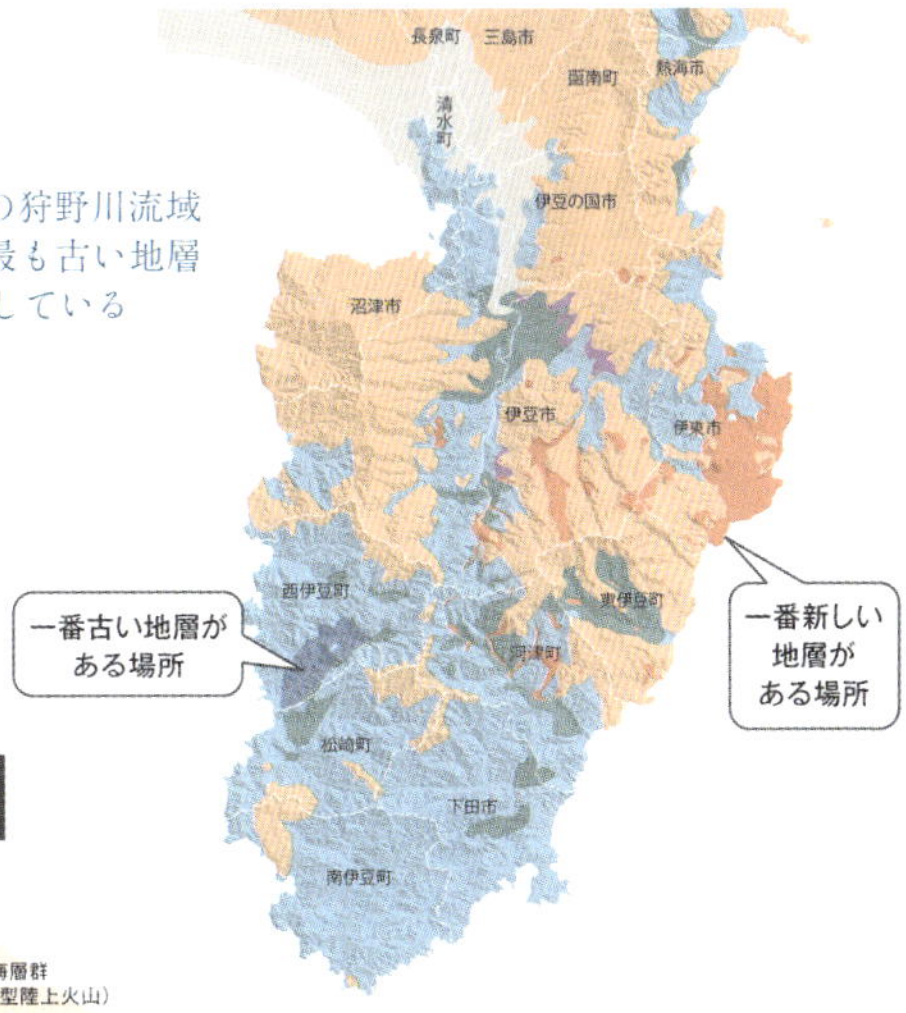


海底火山時代の地層は、現在の狩野川流域や半島の南西部に見られる。最も古い地層は西伊豆町の一色付近に露出している

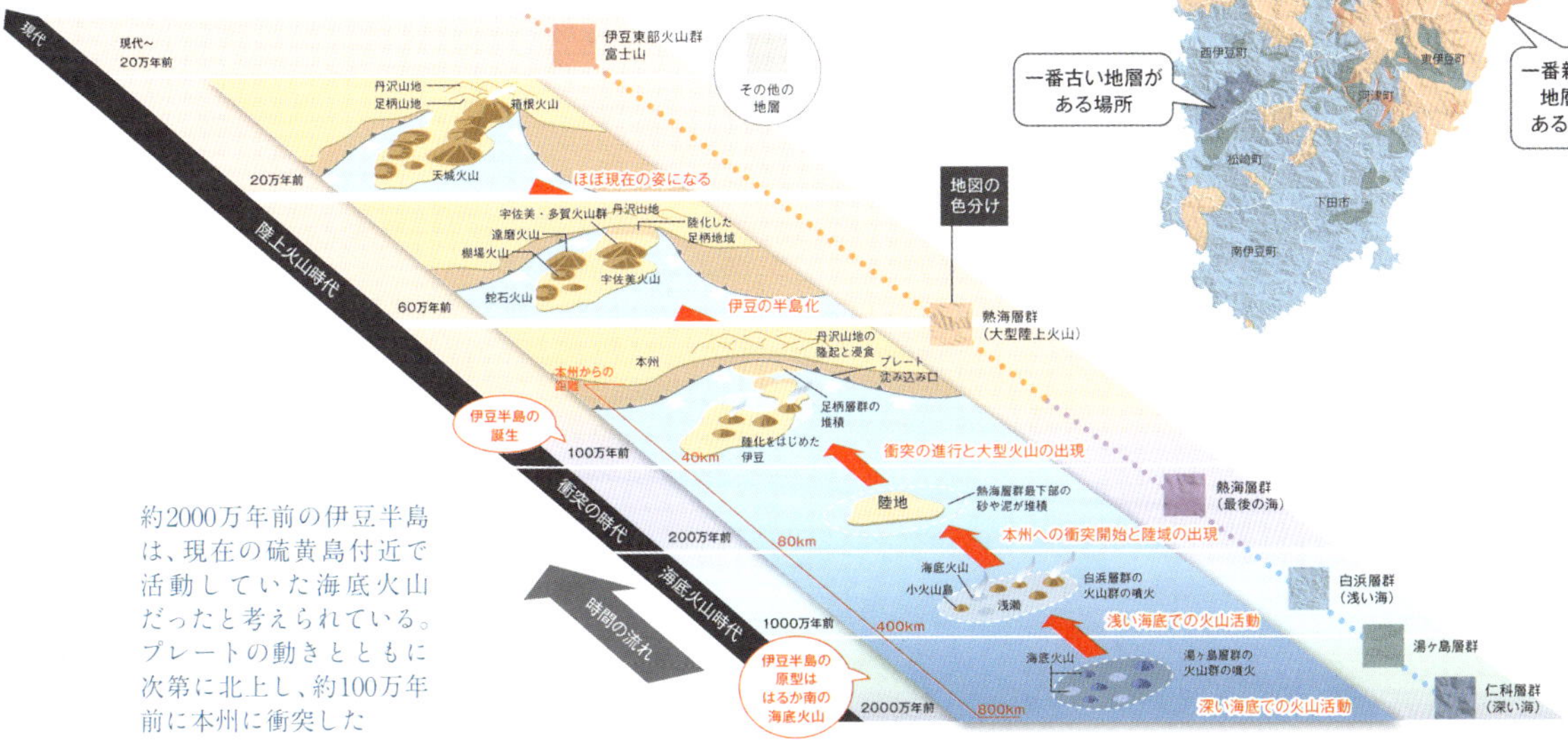


約2000万年前の伊豆半島は、現在の硫黄島付近で活動していた海底火山だったと考えられている。プレートの動きとともに次第に北上し、約100万年前に本州に衝突した

## 地球上の特異点と伊豆のはじまり

地球表層はプレートと呼ばれる10数枚の岩盤に覆われ、陸地や海はプレートに乗って年間数cmずつ動いている。またプレートは地球内部の対流にともなって様々な向きに動き、ある場所では互いに離れ合い、またある場所ではぶつかり合うなどして海溝や山脈といった地球規模の起伏を作っている。また、プレートの動きは地震や火山を生む原因にもなり、沈み込みによって地下深部で発生したマグマはゆっくりと地中を上昇し、やがて火山となって地上に現れる。こうしてできた火山は列をなして分布することが知られていて、世界各地にそうした火山の列が見られる。

伊豆半島は北海道から中部地方へと連なる火山の列の南端に当たるとともに、富士山から伊豆、小笠原さらにはマリアナ諸島に至る火山の列の北端に位置している。つまり2つの火山の列がぶつかる場所に伊豆半島があるということになる。このような地質的背景をもつ場所は伊豆半島以外に知られておらず、地球上の特異点と呼ばれている。

伊豆半島をのせるフィリピン海プレートも年間約3～4cmほどの速度で北西に移動し、今も本州を南から押し続けている。地層や岩石に残された証拠から伊豆の大地のはじまりは約2000万年前までさかのぼるとされ、当時の伊豆は本州のはるか南、現在の硫黄島付近の緯度で活動していた海底火山の集まりだったと考えられている。

## 海底火山の時代

海底火山の時代にたまった地層は、おもに狩野川流域や半島の南西部で見ることができる。こうした海底火山に由来する地層は美しい縞模様の崖として現れ、下田から南伊豆を経て松崎、西伊豆に至る海岸線には伊豆を代表する景勝地が点在している。

伊豆半島で最も古い地層は西伊豆町の一色付近に露出していて、この地層ができたのは今から約

２０００万年前とされる。この場所では、海底を溶岩が流れた痕跡である枕状溶岩と呼ばれる岩石が見られ、周囲の地層からは熱帯の海に生息していた生物の化石が見つかっている。これは当時、この一帯が南洋の海底火山であったことを物語る。

その後も長い期間にわたり海底での火山活動が続いた結果、一部が海面から顔を出して火山島となるものが出現した。こうしてできた火山島や海底火山の周囲には、火山灰や軽石といった噴出物が厚くたまり、浅瀬が作られた。この時代の地層からは暖かい海にすむ貝の仲間やサンゴの化石が見つかり、当時の伊豆が暖流の影響を受ける場所にあったことが分かっている。

火山灰や軽石が降り積もって海底にたまった地層は、次々と重なる地層の重みで固く締まり、凝灰岩と呼ばれる岩石へと姿を変える。凝灰岩は波などの浸食に弱く削られやすいため、切り立った崖や出入りの激しい海岸、奇岩や海食洞といった変化に富んだ地形を生み出す。また、石材としての凝灰岩には加工しやすく熱に強い特徴があり、建物の基礎や塀、蔵などの建材によく使われた。南西部の海岸や街並みは、当時の火山活動の激しさや、大地に寄り添って生きてきた先人の歴史を伝えてくれる場所といえるだろう。

## 陸上大型火山の時代

火山島として次第に陸地を広げていた伊豆は、約１００万年前に本州に衝突をはじめた。本州との間にあった海は急速に埋め立てられ、やがて現在のような半島の形になったのはおよそ60万年前のことである。

本州と陸続きの半島となってから数十万年間は、陸上のあちらこちらで大型の火山が噴火を起こした。現在の伊豆の山地の骨格をなす天城山や達磨山といった火山は、この時代にできたものである。これらの火山は、繰り返し同じ場所から溶岩や火山灰を噴出することで大きく成長し、富士山のような裾野の長いなだらかな斜面を持つ山体を作り上げた。

大型火山は20万年前頃までには活動を終え、その後は浸食による深い谷や、豊かな生態系を育む広大な山上の森林が出来上がった。天城山の八丁池とその周辺や、戸塚峠〜万三郎岳〜万二郎岳にかけての地域にはブナの原生林が残っており、人の手が入っていない原始の森の姿を今に伝える貴重な場所となっている。

火山の一生は数十万年から数百万年ともいわれ、通常は活動を終えて

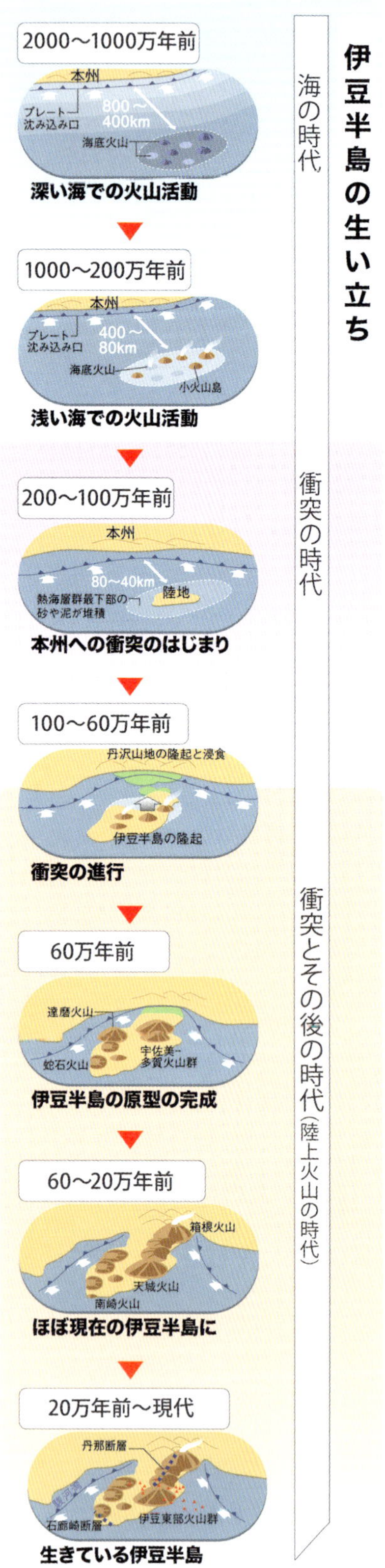

数十万年が経過しても地下にはマグマの余熱が残っている。こうした熱は地下水を温め、さらに地中の様々な成分を溶かし込んで温泉や有用な鉱物資源を含んだ鉱床を生み出す。伊豆半島のあちこちで湧く温泉や、金銀などを含む鉱脈は、こうした陸上大型火山がもたらした恵みといえる。

## 活動を続ける大地

約20万年前になると、それまでの火山活動とは異なり、噴火のたびに火口の場所を変える小さな火山の集まりである独立単成火山群が活動を始めた。伊豆東部火山群と呼ばれるこの火山群は、ひとつひとつの火口は噴火を終えているものの、今後もどこかで噴火が起こるかもしれない活火山といえる。この内、最も新しい火口は１９８９年の噴火によって伊東市沖に誕生した手石海丘だ。

伊東市の大室山は、マグマのしぶきが火口の周りに堆積してできたスコリア丘と呼ばれる地形で、お椀を伏せたような均整のとれた山体は遠くからでもよく目立ち、地域のランドマークになっている。リフトで山頂に上がると、伊豆東部火山群のつくるさまざまな火山地形を眺めることもできる。

伊豆の大地が今も動いていることを物語るものは、火山の他にもある。１９３０年に伊豆北部で起きた北伊豆地震や１９７４年に石廊崎周辺で起きた伊豆半島沖地震などは、この地域がダイナミックに変動を続けていることの現れである。また、熱海市の初島や下田市の爪木崎などに見られる隆起海成段丘からも、活発な大地の動きの一端を読み取ることができる。

このように、伊豆は海底での火山噴火にはじまり、南洋の火山島の時代を経て、本州に衝突して半島となった。その後も陸上へと場を移しながらも、多様な火山活動が繰り返されて現在に至る。伊豆半島に見られる独特な自然や生態系、さらには人々の暮らしや文化にもこうした大地の成り立ちの影響が色濃く見られる。

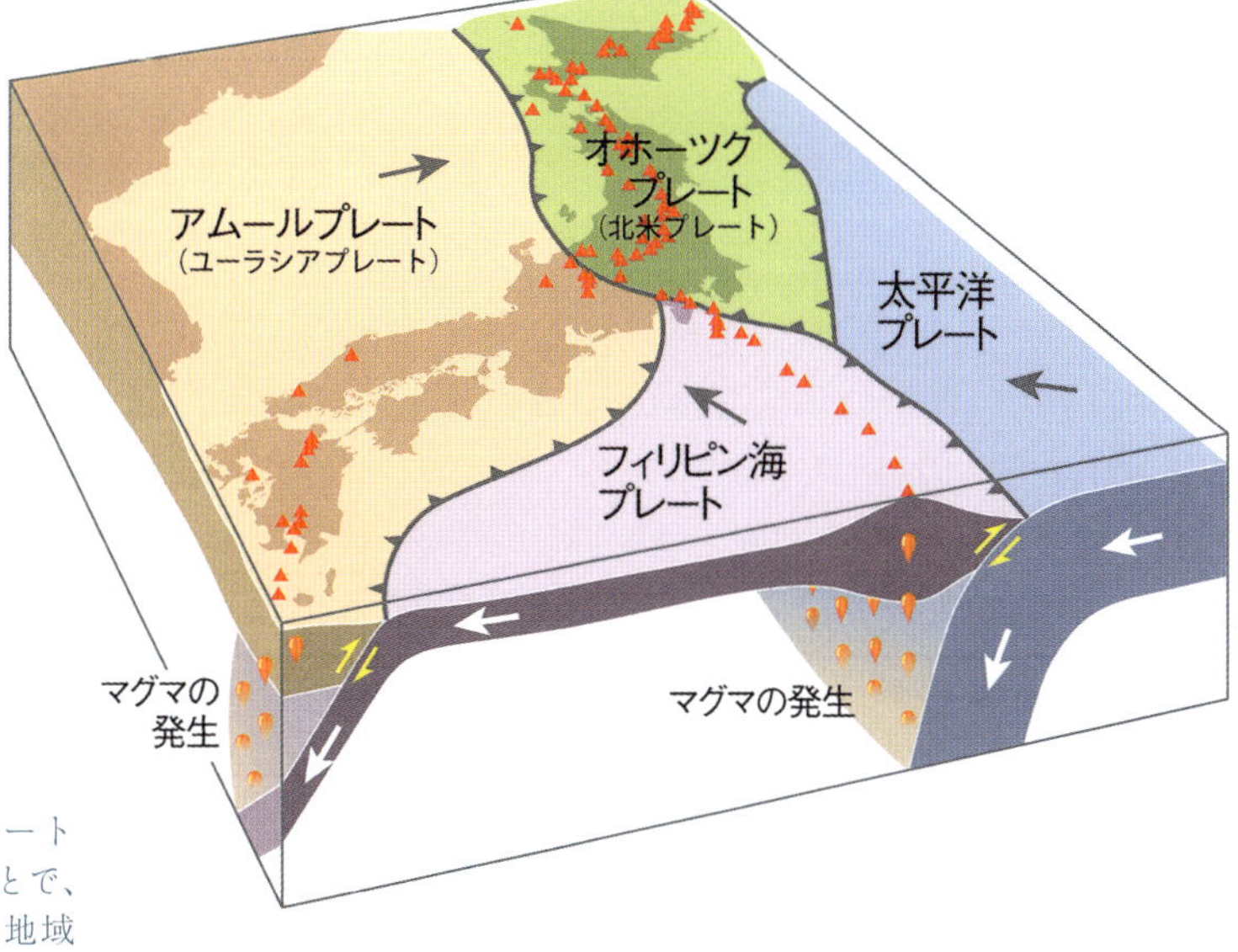


日本列島付近は４枚のプレート(岩盤)が複雑に折り重なることで、多様な地質現象が見られる地域となっている。プレートの境界付近では地震が頻発し、沈み込んだ先ではマグマが発生する。伊豆半島は本州で唯一、フィリピン海プレート上に位置している。

# 温泉を中心にジオと信仰を読み解く

伊豆半島のジオ（ｇｅｏは「地球」や「大地」の意）と信仰の関わりを考える上で欠かせないものに「温泉」がある。ここでは伊豆半島の温泉の起源や特徴、信仰との関わりについて、大地の成り立ちと絡めて簡単に紹介したい。

## 伊豆半島の温泉起源

日本は世界有数の温泉国であり、静岡県は大分県、鹿児島県に次いで源泉数の多い全国屈指の温泉県で、宿泊施設数は全国1位を誇っている（環境省自然環境局自然環境整備課資料（平成28年3月末現在）による）。静岡県衛生部および静岡県温泉協会による実態調査報告によれば、令和4年時点の静岡県内には２４２０の源泉があり、このうち約94％に当たる２２６３源泉が伊豆半島に分布している（静岡県「温泉実態調査報告書」より）。伊豆半島は交通の便がよいこと、自然の風光に恵まれていること、湯量が豊富であることなどから温泉の利用客数は他を圧倒している。〝湯いず国〟と言われるように古くから温泉地が形成され、由緒ある名湯の話が多く残っている。

伊豆半島には、その成り立ちから海底火山、陸上複成火山、そして単成火山の時代の地層がモザイク的に分布している。それらの地層にはさまざまな泉質の温泉が散在し、地域を特徴づけている。このような場所は世界でも珍しく、温泉の本質を科学的に究明するのに最適な場所とされ、地質構造や溶存成分の関係から伊豆の温泉の起源を解明しようとする研究が数多くなされてきた。ここでは、過去の研究をもとに伊豆半島の温泉を泉質と地質の関係から整理してみたい。

日本の温泉は第四紀火山にともなって形成される火山性温泉と火山以外の成因で形成される非火山性温泉に分けられる。伊豆半島に隣接した箱根の温泉は箱根火山にともなう火山性温泉である一方で、伊豆半島の温泉は火山活動との関連が乏しい非火山性の温泉である。伊豆半島周辺の源泉位置と第四紀火山の分布(図1)を見ると、必ずしも火山の直下に高温領域があるわけではなく、火山から離れた場所に高温の温泉が湧出していることが分かる。伊豆半島は非火山性の温泉としては珍しく、温度の高い温泉が多く、また半島各地に温泉が湧出しているという特徴がある。

伊豆半島は約2000万年前に海底火山として始まり、プレートの移動にともなって火山活動の場を海から陸へと移しながら、現在に至るまで綿々と火山噴火が繰り返されてきた。そのため、土地のほとんどが火山活動に伴ってもたらされた火山噴出物に由来する地層で構成されている。しかしながら、最近数十万年間

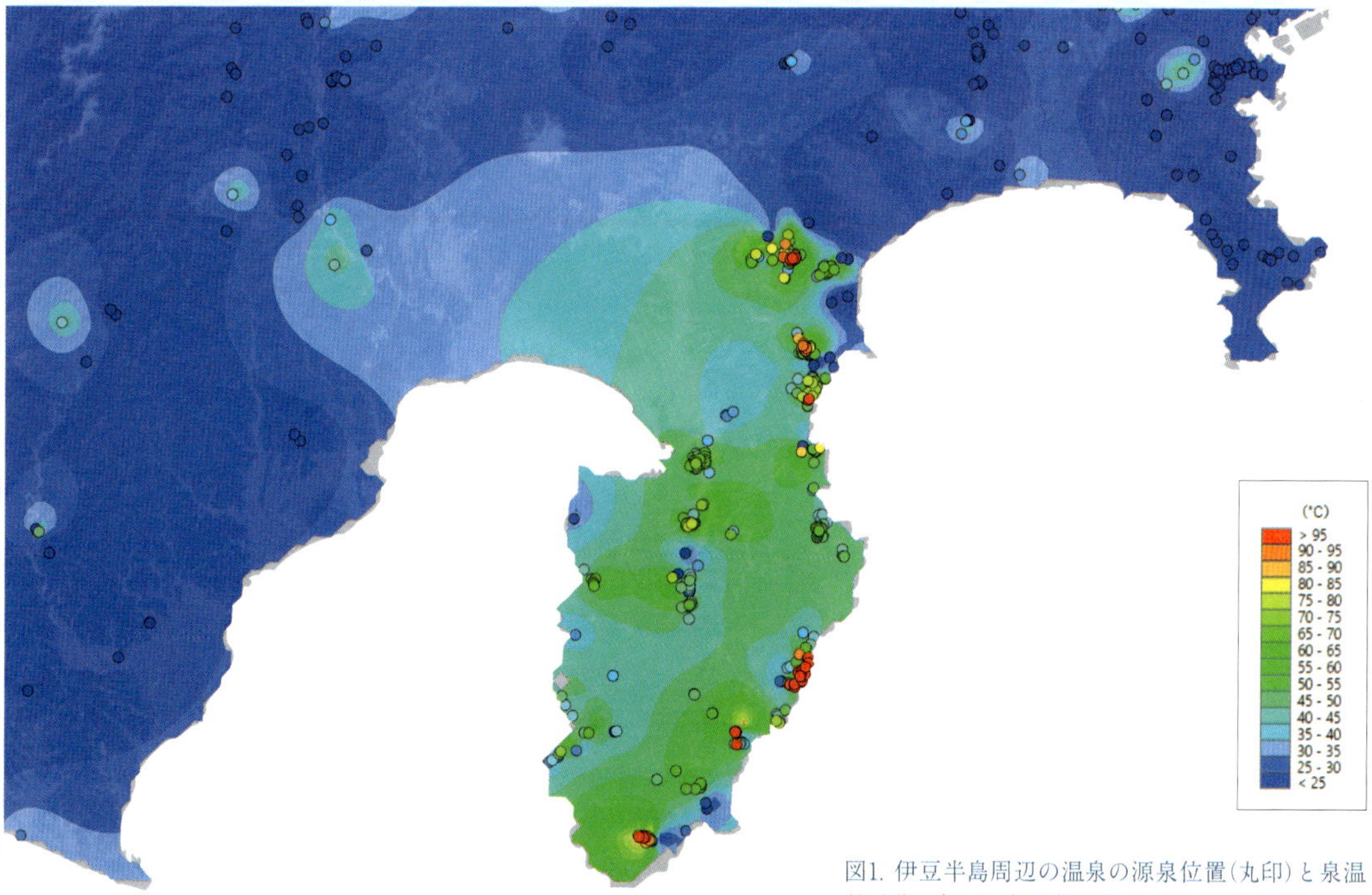


図1. 伊豆半島周辺の温泉の源泉位置(丸印)と泉温(凡例). 赤い三角は第四紀火山の位置. (産総研の地質図Naviより作成)

を見ると、半島全体での火山活動は比較的低調で、これほど多くの温泉を生み出す熱源としては第四紀火山の熱では説明がつかない。

そこで目を向けたいのが地温勾配(地下深度に対する温度上昇率)である。伊豆半島の平均地温勾配は100mにつき6.2℃と高く、全地球平均(100mにつき約3℃)の約2倍に相当する。このような高い地温勾配をもたらす大きな背景として、この地域が富士・箱根と伊豆大島という2つの高温領域の間に位置することが挙げられる。日本の中でも特に地温勾配の高い2地域に挟まれることで、それらの熱活動の余光を受け、伊豆半島全体が高温条件下にあり続けていると考えられている。

ちなみに、伊豆半島の温泉は、大まかに見て弱アルカリ性かアルカリ性の「硫酸塩泉」「塩化物泉」「単純温泉」の3種類に分けられる。「硫酸塩泉」は主に西伊豆や中伊豆に分布する、古い地層に由来する。その起源は、海底火山の堆積物であるグリーンタフ※に含まれる硬石膏によるもので、基本成分である硫酸イオン濃度が非常に高い特徴がある。

「塩化物泉」には2つのタイプがある。一つは、主に東伊豆で見られる地下深部の熱源による海洋水の熱水対流系で形成された温泉。もう一つは、南伊豆の地下深部からの熱水に地表付近で海洋水が混入した高張性温泉である。

「単純温泉」は主に中伊豆や東伊豆に見られる。浸透した地下水が深部の熱源によって温められ、断層や亀裂などを通過して比較的短期間に上昇することで形成されたものである。こうした温泉にはラドン（Rn）含有量が高く、蒸発残留物が比較的少なく、泉温があまり高くないといった特徴がみられる。

これら伊豆半島の温泉の性質には、グリーンタフと呼ばれる海底火山に由来する地層と第四紀火山の分布が重なること、さらに活発な地殻活動の場であるという地質的背景が色濃く影響しているといえる。また近年では、熱海や伊東を中心に各地で温泉の塩水化が指摘され、海水の浸入により塩化土類泉が形成されつつある。この背景には、人間の開発による影響があると言われている。

## ジオと信仰の関り

日本社会の歴史において、温泉や湯治場は火山や鉱脈、地下水などの自然環境と宗教・治療・民俗・地域社会・経済・伝承や文学などの文化的要素とが複雑に結びつきながら形成されてきた。国土の大半が山であり、世界有数の火山地帯として多数の温泉を有する日本では、山岳信仰に関連する多くの寺院や神社が、温泉との地理的・文化的関連性をもち、宗教文化と温泉文化が聖俗一体となって、社会・地域の活性化・再生に関係している。

日本の山岳信仰においては、山体や大岩（磐座）、洞窟や火口などの崇拝とともに、瀧・淵・湧水・泉など水に関わる聖地・霊場が多く見られる。聖地・霊場・霊泉としての温泉は、「火」と「水」の信仰の要素を同時にもつだけでなく、山岳や岩石の崇拝とも結合しうるものである。また、温泉の湧出する場所は、硫化水素などの火山性ガスを噴き出す場合があり、死の世界への入口あるいは「地獄」のイメージと結合する一方で、心身の疲労や負傷、疾病に対する温泉の治療効果から「再生」・「治癒」・「救済」といった神仏の加護を実感する聖地として伝説化され、地蔵信仰・観音信仰・薬師信仰などと結合してきたとされている。

修験者が伊豆半島の外縁をめぐる「伊豆峯」辺路行は、行場《ぎょうば》または拝所と呼ばれる聖地間を移動するものだったとされている。伊豆半島はプレートの北上にともなって南からやってきた地塊が土台となっており、およそ２０００万年にわたり、海底から陸上へと活動の場を移しながら噴火を繰り返してきた火山の集まりからなる。プレートの運動は現在も進行しており、特に海岸部では隆起海食台に代表される地形などにその影響を見ることができる。

本書の中でも紹介されているように、伊豆峯辺路行の拝所の中には、熱海市の走り湯や伊東市八幡野の薬師之岩屋、下田市白浜の白浜神社や三穂ヶ崎の心檀堂之岩屋など、特徴的な隆起海食台や海食洞を有する聖地が数多くある。海食台とは波の浸食によってつくられた海面付近の平らな磯で、それらが隆起によって陸上に現れたものを隆起海食台と呼ぶ。海食洞も波による浸食でできる地形で、海食崖に形成された洞窟のことである。こうした地形の成立には、伊豆半島の海岸を構成する岩盤が浸食に対する抵抗力の異なる多様な岩石によって構成されること、断層や節理など構造上の弱面をもつこと、地殻変動による不連続な隆起を被っていることなどが影響していると考えられる。

※グリーンタフ
主に北海道から東北日本日本海側、西部フォッサマグナ、西南日本日本海沿岸地域にかけて分布する緑色を帯びた火山岩や火山砕屑岩類で構成される地層の総称。この地層が分布する地域はグリーンタフ地域と呼ばれる。変質を被って緑色（グリーン）を呈する様子と火山砕屑岩の凝灰岩（タフ）を組み合わせて作られた言葉。

参考文献

海野忠市 (1984): 静岡県の温泉の泉質. 温泉科学, 34, 153-160.
矢野一行 (2016): 伊豆半島の温泉の特徴と医学的考察 ―温泉医学の確立を目指して―. 日本温泉気候物理医学会雑誌, 79, 3, 176-190.
甘露寺泰雄・堀内公子・石井　忠・村上悠紀雄 (1980): 伊豆半島温泉群におけるRa及びRn濃度. 温泉科学, 31, 1, 23-34.
甘露寺泰雄 (1984): 伊豆半島の海岸地域に分布する塩化物泉の化学組成と海水-岩石相互作用に関する研究（その1）. 温泉科学, 34, 1, 13-27.
水谷義彦・浜砂武聖 (1972): 伊豆, 下賀茂温泉水の起源. 火山 第2集, 17, 3, 123-134.
水谷義彦・浅井寛・浜砂武聖 (1975): 伊豆半島東南部の中性塩化物泉の起源. 火山 第2集, 19, 3, 139-150.
鈴木健郎 (2019): 日本の山岳信仰と温泉. 専修大学社会科学研究所 月報, 671, 1-15. 篠原 叶実・伊藤 敦哉・小倉 拓郎・松岡 憲知 (2023): 本州太平洋岸の海食凹地形における地質条件の影響. 地学雑誌, 132, 1, 33-55.
Shishikura, M., Namegaya, Y., Kaneko, H. and Koyama, M. (2023): Late Holocene tectonics inferred from emerged shoreline features in Higashi-Izu monogenetic volcano field, Central Japan. Tectonophysics, 864.

*Inishie Road*

# 古 いにしえの道

# NISHI IZU

## 西伊豆エリア

かつて海が街道だった頃
要衝であった港町を歩く
重厚な歴史と文化を感じられるエリア

◯雲見－岩地コース　◯松崎市街コース　◯安城岬－太田子コース
◯田子－安良里コース　◯舟山－戸田コース　◯戸田－井田コース

KUMOMI-IWACHI course

# 駿河湾越しに富士を望む

かつて三浦と呼ばれた雲見、石部、岩地。
それぞれの美しさがある海辺の町を行く。

文:田邊詩野　写真:清水玲

西伊豆エリア

## 雲見～岩地
コース

### 烏帽子山から望む富士 古に思いを馳せる

風光明媚な松崎町の南部に、三浦《さんぽ》歩道と呼ばれる道がある。三浦とは雲見《くもみ》、石部《いしべ》、岩地《いわち》の3つの集落の総称。三浦歩道は昭和40年（1965）にバス路線が開通する以前から、この地域をつなぐ生活道として使われていた。今回は雲見を起点に岩地まで、この歩道を歩く。

雲見は小さな温泉郷ながら、海岸沖に並ぶふたつの島越しに富士山を望める伊豆でも有数の景勝地だ。まずは伊豆峯次第の拝所、雲見浅間神社にお詣りするため、標高160m、海から突き出た烏帽子《えぼし》のような山の頂へ向かう。参道入り口から、垂直にすら見える階段を130段上ると拝殿、さらに松の巨木を眺めながら320段を上ると中之宮に着く。足がすくむような急階段のため、歩きやすい靴で行くことをお勧めする。山頂までは、潮風に強いウバメガシやトベラの樹林帯が続き、細い頂に向かって巻きつくような山道を進む。山頂にある本殿のさらに上、烏帽子の折れ曲がった先に展望台（マグマが昇った火道）があった。左手に見

◇1. 2.烏帽子山の雲見浅間神社参道入り口。ここから428段の石段を上る。階段沿いに見事な松 ◇3.雲見浅間神社の中之宮。かつて女性が上れたのはここまで

◇4.参拝者が彫ったものらしき名前が残る木 ◇5.雲見集落 ◇6.烏帽子山の展望台からも見える千貫門 ◇7. 8.三浦歩道の雲見側の道中に見られる石切場跡

えるM字型をした巨大な岩は、マグマの塊でできた「火山の根」で千貫門と呼ばれている。右手には西伊豆の海岸線、その向こうに富士山まで見渡せる絶景ポイントだ。富士山をご神体とした浅間神社の祭神はほとんどが木花開耶姫命《このはなのさくやびめのみこと》だが、ここ雲見浅間神社はその姉である磐長姫命《いわながひめのみこと》だ。姉妹の父・大山祇神《おおやまつみのかみ》は天から降臨した瓊瓊杵尊《ににぎのみこと》に姉妹を差し出すが、容姿の劣る姉の磐長姫命は返されてしまう。磐長姫は美しい妹を妬むようになり、烏帽子山を訪れた人が富士山をほめると怪我をさせるという言い伝えが残っている。

烏帽子山を降り、路地の入り組んだ雲見の集落を抜けて、三浦歩道の道標がある狭い階段を登っていく。山道に入ってほどなく、江戸時代に石を切り出した石丁場跡に差し掛かった。縦に穴が掘り進めてあり、底には水が溜まっている。懐中電灯で照らすと、コウモリが一斉に飛び交った。このあたりは桜山と呼ばれ、ここで採れる石を「サクラ石」といった。千石船で運ばれて江戸城の改築の際に使われたという話も聞く。

両脇にずり石(使い道のない砂利石)が積み上げられている道を上がっていくと、古代遺跡のような風格の

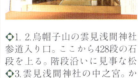

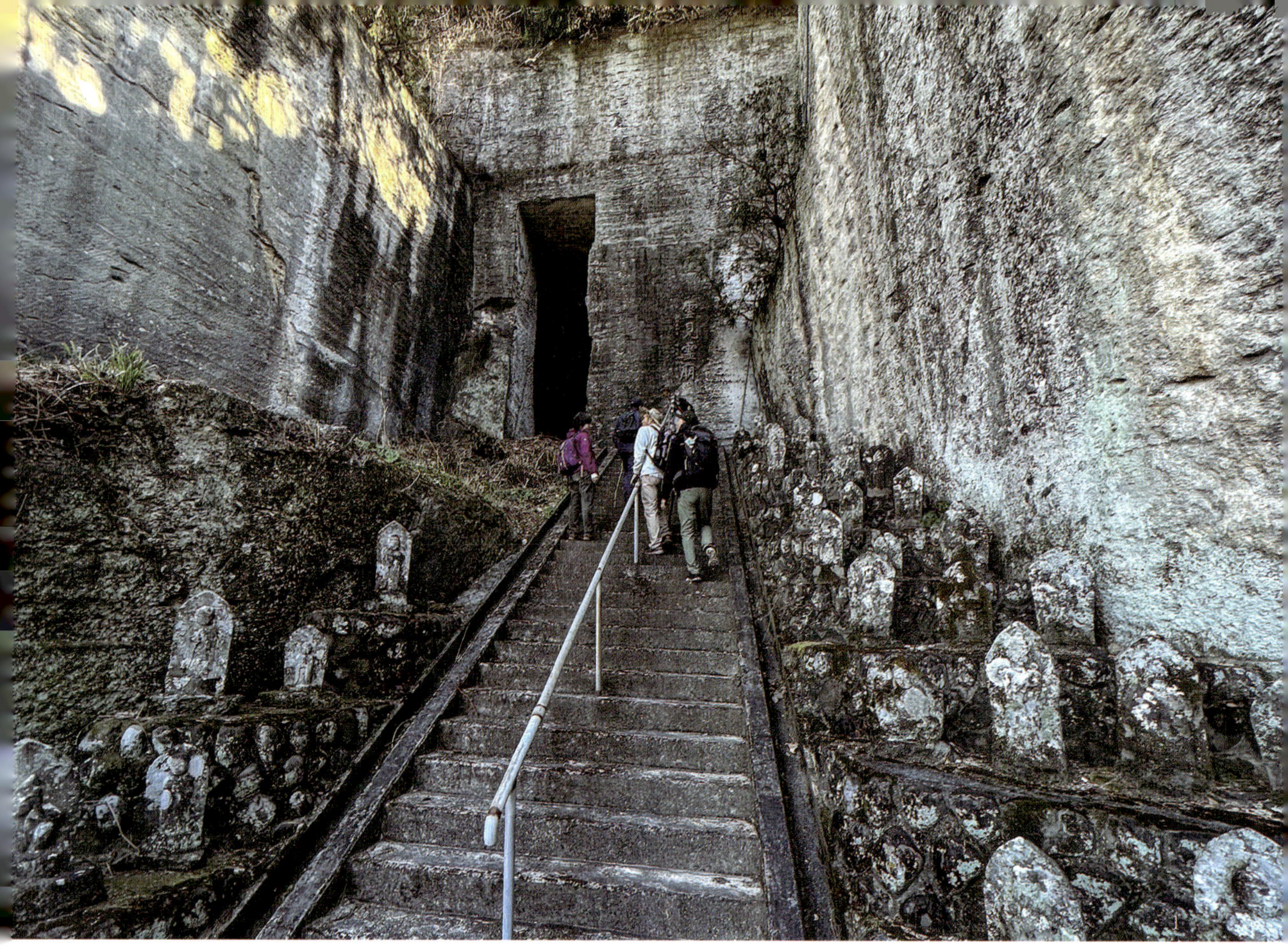

# 不思議な光景に目を奪われる

◇4.三競展望台からの眺め。晴れていれば遠く富士山、南アルプスまで見える ◇5.青々と美しいナチシダの群生。伊豆半島の河津はかつてナチシダの自生北限地だったそうだ

◇1.~3.雲見霊廟は、今も地域の人たちが大切に守っている霊廟なので、見学する際も、そのことを心に留めて見せていただこう。奥に進むと、石切場の跡が古代遺跡のようなミステリアスな雰囲気

雲見霊廟に出る。たくさんの石仏が並び、厳かな雰囲気だ。かつての道路造成の際に墓地の移転が必要だったため、石丁場跡を利用して共同墓地としたらしい。しばらく国道を歩くと、再び三浦歩道の看板が出てくるので、そこから山に入る。段々畑だった石垣が残る急斜面を上り、平らな台地に出たところが三叉路になっている。海の方角に進むと三競展望台に出た。雄大な駿河湾が眼前に広がり、右手方向には富士山、左には遠く南アルプスが望める。コース沿いにはオオシマザクラが多く、足元にはナチシダの群生やツワブキの姿も目立つ。15分ほどで三叉路に戻り、黒崎展望所に寄り道すると、これから降りていく石部、岩地の海岸が見下ろせた。昭和30年代頃まで、伊豆半島では炭焼きが大きな産業だった。この辺りもまた炭焼きの山であり、道中よく見かけたオオシマザクラは安価な炭の材料となり、伊豆石などと一緒に江戸に売られていたようだ。

急斜面を降り、石部集落に降りていくと、道端に苔むしたお地蔵さんや小さな石の祠、力石などが集められていた。蛇石火山の裾野にあたる石部は、穏やかなやさしい雰囲気の集落だ。拝所である伊志夫《いしふ》神社に向かう。平安時代に編纂された延喜式神名帳に記載された式内社で、創立は定かではないが、一説には向かいの神田集落が旧鎮座地であり、そこにあった夫婦岩の雄岩に神火を燃やして海上交通の安全を祈願していたと伝わる。室町時代には集落名も「石火」だったが、江戸時代になると度重なる火災が起きたため、「火」の字を嫌って「石部」に改めたという。古い石段を上って参拝。凝灰岩で作られた狛犬は、阿の方だけ海風が当たるのか、随分と削られてユーモラスな姿になっている。境内は静かで、大ぶりのイスノキが常緑の葉を揺らしていた。落ちた虫こぶは手のひらに収まる丸っこい形で、オカリナのように穴が開いている。昔の子どもたちはこれを笛にして遊んだそうだ。

◆1.三競展望台 ◆2.黒崎展望所。こちらも絶景 ◆3.~6.石部集落にある伊志夫神社。豊漁や商売繁盛の神様として、地域で大切に祀られている

## 東洋のコートダジュール 岩地海岸まで

石部の集落を抜けて、再び海岸沿いを走る国道に出る。コンクリートの小さな建屋に「石部バス停」と書かれた可愛らしいバス停があった。この地域に初めてバスが通った60年近く前のことに思いを馳せ、潮風を浴びつつしばらく歩いて再び三浦歩道へ。岩地集落へは2㎞もない。最後の登りはのんびりと歩ける明るい道だ。峠に古い石仏を確認したら、細い道を下っていく。やがて見えてきたのは、白い砂浜の湾曲した海岸線。透明なブルーの海が眩しい。かつて遠洋漁業の地として栄えた岩地の集落だ。現在も海水浴場として人気で、白砂の浜辺に山吹色に揃えた屋根の色が映える様は、「東洋のコート・ダジュール」と称されている。

集落に入る手前に、丁寧に祀られた石仏が一体。そこから海へ向かって急な階段を下る。海岸沿いに歩いてゴールで拝所の諸石神社へ。創建は永禄元年（1558）、岩地村の氏神「梵天さん」が祀られている。岩地の浜には、中央に子どもなら数人は座れそうな平べったい巨石がある。

この石は両磯《もろいそ》の石と呼ばれ、潮が満ちれば水中に没し、干潮になると浜に姿を現す。言い伝えによると、天から下ってこの石に留まった梵天を里人が拾い、祠を建てて祀ったという。境内の玉垣には凝灰岩の礫岩である長磯石《ながいそいし》が美しく積まれ、荘厳な雰囲気である。長磯石は岩地の家々の外塀にも見られ、波除け、風除けによく使われている。石の名前は入江の北側の断崖「長磯」で採られたことに由来する。境内の大銀杏は町指定天然記念物である。春早い日の浜辺には人影もなく、波の音が耳にやさしかった。

◆1. 2. 5.石部の集落は、のんびりとした温かい雰囲気。苔むした道祖神もよく見かけた ◆3.岩地海岸。かつてはキビナゴやヒジキの漁も盛んだったと聞く。美しい海岸は、夏場は民宿の泊り客で賑わう ◆4. 6.岩地集落を通って、諸石神社へ。ご神体である梵天様は海岸の真ん中の石に降りてきたといわれている。10月28日の例祭後の西風を梵天西というそうだ

コースガイド

8 km

| 地点 | 所要時間 |
|---|---|
| 烏帽子山参道入り口 | |
| ↓ | 60分 |
| 山頂 | |
| ↓ | 60分 |
| 参道入り口 | |
| ↓ | 35分 |
| 三競展望台 | |
| ↓ | 15分 |
| 黒崎展望台 | |
| ↓ | 15分 |
| 石部温泉 | |
| ↓ | 60分 |
| 岩地温泉 | |

アクセス

【往路】伊豆急下田駅より東海バス松崎ターミナル行き50分　雲見方面行き20分。または修善寺駅より東海バス松崎ターミナルまで100分、松崎バスターミナルより20分
【復路】東海バス一里塚バス停より松崎ターミナルまで15分、松崎ターミナルから下田方面行き52分

Tuishie Spot!

### 長磯石

岩地の集落でよく見られる石垣は、入江の右手にある「長磯」と呼ばれる場所から採石されたので「長磯石」というそうだ。

MATSUZAKI CITY course

# 豊かな歴史文化のある町で

海の要衝として、古くから栄え
豊かな文化を育ててきた花の里。

文:田邊詩野　写真:清水玲

西伊豆エリア

## 松崎市街
コース

### 平安から続く式内社には山の神と海の神

松崎町は、穏やかな気候と豊かな自然に囲まれ、棚田やなまこ壁などの情緒ある風景が多く残る歴史と文化の町だ。町の中を流れる那賀川と岩科川が合流する河口に港があり、海上交通の要衝として発展した。今回は、伊豆峯次第の拝所になっている神社仏閣を中心に、松崎の歴史を訪ねてみる。

スタートは伊豆峯次第の拝所・伊那下神社。境内には樹齢1000年といわれるイチョウの巨木が枝を広げている。この神社は古来より牛原山の麓にあり、元々は山そのものをご神体として山嶺の三本松と呼ばれる場所を祭場としていた。それが発展して、彦火火出見尊《ひこほでみのみこと》を祀ったのが始まりと伝えられる。その後新羅渡来人の猪名部氏が土着して、住吉三柱大神《すみよしみはしらのおおかみ》を祀るようになり、伊那下神社と称するようになった。二祭神を祀るのは山と海の両方を信仰するという意味があり、氏子も居住区が山側か海側かで、彦火火出見尊の石火宮と唐大明神の住吉大神に分かれている。この神社には、龍谷水

◇1.入り母屋づくりの伊那下神社の拝殿 ◇2.伊那下の七福神。平成7年に突然倒れ、これまでの七福神を壊してしまったタマ楠の大木を、神主自らが彫り直したものだそう

◇3.敷地内にある亥の子岩は、古来より信仰の対象だったそうだ ◇4.小さなお地蔵さんが祀られている宝泉 ◇5. 6.相生堂跡には、今は何の面影もない

神社や松崎護国神社といった境内社や、夫婦イチョウ、伊那下の七福神、神明水、亥《い》の子岩、数々の書画や地域の商家にあった持ち物を収蔵した宝物殿など、見るべきものがたくさんある。駆け足で宝物殿を見せてもらい、牛原山のご神体である亥の子岩の神秘的な佇まいに手を合わせて、神社を後にする。

一旦国道に出てから、仏の小道へ。途中、湧水が滲《し》み出ている〝宝泉〟がある。かつて飲料水として利用され、不老長寿の水として知られていたこの場所には、やぐら遺構があり小さな石仏が並んでいた。のどかな道をのんびりと歩いていくと相生堂跡の看板が目に入る。蔓植物の影に六地蔵が佇む道を上っていくと、相生堂跡に出る。ここは平治の乱（1159年）の翌年、伊豆・蛭ヶ小島に流された源頼朝《よりとも》と、伊豆・田方の奈古屋の毘沙門堂に流されていた文覚《もんがく》上人が密かに会っていた場所だという。今は何もない空き地にわずかな看板や碑が立ち、浦島草が風に揺れていた。

小さな峠を下ると、ほどなく「絹の道」と合流し先ほどの舗装道路に戻る。松崎町はかつて早場繭の産地だった。「絹の道」の名は、牛原山に静岡県の養蚕試験場の桑畑があったことに由来する。しばらく歩くと山門があり、石段を上れば文覚山円通寺の本堂がある。文覚上人が寄寓したことから、文覚を開祖として文覚山を山号としたとされる。先ほど通ってきた相生堂は、この寺の奥の院に当たる観音堂だったそうだ。

道に戻って拝所の伊那上神社を目指す。田んぼにはレンゲが咲いて、うららかな春日和だ。伊那上神社の創建は不詳ながら平安時代から続く式内社で、伊予国越智郡の三島大明神（大山祇神社）から遷座したとも、伊豆国府三島から遷座した

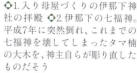

# 花や緑あふれる おだやかな里の風景

◇1. 2.伊那上神社境内。承安3年(1173)源頼朝が参詣し、開運祈願したという記録もあるそう ◇3.町指定天然記念物の亀甲松は切り株だけが残る ◇4.文覚山円通寺の山門

ともいわれている。入口右側には立派な亀甲松が立っている。ご祭神は積羽八重事代主命《つみはえやことしろぬしのみこと》、俗にいう恵比寿様のことだ。ここには鎌倉幕府を開いた頼朝が、かつて源氏再興を祈願したこの神社に社殿を寄進したという逸話が残っている。入口にはもう1本見事な亀甲松があったそうだが、惜しくも平成5年(1993)に枯死してしまい、現在は直径2m以上あろうかという切り株が、ひっそりと境内の奥に置かれている。神社を出て売店で買った名物の桜餅を手に、那賀川沿いを上っていく。ここは〝花のジョギングコース〟という呼び名で整備された道だ。川沿いの土手には地域の人たちが植えたさまざまな種類の桜が美しい並木となり、コンクリートで固められていない河岸は緑の下草と菜の花で覆われていた。ゆったりと平野を流れる川景色は、歩く人をなんとも和やかな気持ちにさせてくれる。

◇桜葉の日本一の産地としても知られる松崎には、名物「桜葉餅」がある。町内にある和菓子屋さんでは、それぞれの桜葉餅を提供しているので食べ比べてみるのも楽しそう

◇1. 2.八幡神社、十二社神社の名前が書かれた鳥居があり、仲良く合祀されている ◇3.道端の馬頭観音

# 商売繁盛だけでなく 文化のある松崎の町

さて、桜と川景色に別れを告げて伏倉橋《しくらばし》を渡り、桜田地区にある八幡神社を目指す。桜田公民館前の旧街道らしい四辻を上がっていくと、小さな赤鳥居があった。鳥居の額には八幡神社に並んで十二社神社と書かれている。細い階段の先には「村の鎮守様」といった風情の小さな本殿があった。この神社は昭和29年（1954）に現在の場所に合祀されたもので、元々は近隣にある金剛山群定寺の鎮守として置かれていたものだそうだ。というわけで、拝所にもなっている群定寺へ。群定寺は苔むした緑がしっとりとした美しい古刹で、墓地の後ろの高台に元々の十二社神社があったとされている。高みから正面に、暗沢山とその下に広がる集落が見渡せた。

近隣で宅地造成を行った際に縄文土器が出たという静岡県立松崎高校の前を通り、海の方に向かって江奈地区に入る。街道の背後の山は、遊歩道などが整備された「富貴野山21世紀の森」に繋がっている。富貴山にある宝蔵院は空海が開いたといわれ、伊豆第一の山岳密教の霊地として栄えたという。各地の人々が参詣のために作った道が七口あり、江奈地区にもその一つがある。案内してくれた地元の人にそんな話を伺いながら舟寄神社に立ち寄った。こちらも拝所であり、祭神は積羽八重事代主命。江戸時代には掛川藩の飛び地領があり、足軽が常駐する陣営が設けられていた。舗装された参道から正面に拝殿が見えている。舟寄の名の通り、この辺りはかつて入江だったのだろう。参道に沿った水路にはサワガニがいることも多いという。

◇1. 2.群定寺は庭も美しい古刹。境内の上から松崎の町を見晴らせる ◇3.舟寄神社の参道 ◇4.舟寄神社の本殿 ◇5.江奈地区の石仏

ちなみに松崎には伊豆地区最古の小学校である岩科学校があるが、その前身はこの掛川陣屋跡にあったそうだ。

国道136号線に出て、松崎海岸の北側に出っ張った弁天島（別名巨鯛島、古代島）に祀られている厳島神社へ向かう。もちろんこちらも拝所である。陸続きの島ではあるが、かつては南川が鳥居の前を流れていたため、昭和42年（1967）に島の鞍部を掘削して南川水門が作られた。祭神は市杵島姫命《いちきしまひめのみこと》で、社名の厳島は「いちきしま」が訛ったものといわれている。こんもりと丸っこい島の入口に赤い鳥居が可愛らしい。99段の石段を上って厳島神社を参拝する前に、まずは一周200mほどの小島を歩いてみることに。かつての海底噴火で海底を流れた溶岩が海水で急激に冷やされてバリバリに砕けてできた地層は、ゴツゴツとした迫力ある景色を生み出している。素掘りのトンネルをくぐり海側に出ると、透明度の高い海の中に、ゴロゴロと転がる大きな石が見える。ちょっとした冒険気分で進むと、突端の方には根が岩を抱えるウバメガシの小さな林があった。一周の冒険を終えて石段を上って厳島神社を参拝する。

ラストスパートは松崎海岸に下りて浜を歩く。黒っぽい砂浜は砂鉄を多く含んでおり、地元では鐘楼作りに使うために溶鉱炉を山に作って、鉄を打っていたという。防風林となっているたいそう立派な松並木を通り、松崎の町中を抜ければスタートの伊那下神社まであと一息だ。

◇1.弁天島の先の方に行くと、ウバメガシの向こうに青い海 ◇2.遊歩道の北側にある素掘りのトンネル。ちょっとした冒険の気分が味わえる

◇5.那珂川と岩科川が合流し、河口の右岸を利用した松崎港。'80年代頃までは、都会からの交通が船だったこともあり、賑わっていた ◇6.松崎の美しい街並み

◇1. 2.頂上にある厳島神社へ行くには、参道入り口から99段の石段を上る。頂上には可愛らしい小さな拝殿がある ◇3. 4.島を一周すると約200mある。途中、海底火山の溶岩の地層も見られる

Corse Map!

コースガイド

10km

| | | |
|---|---|---|
| 伊那下神社 | ↓ | 6分 |
| 相生堂跡 | ↓ | 7分 |
| 伊那上神社 | ↓ | 20分 |
| 八幡神社・十二社神社 | ↓ | 5分 |
| 群定寺 | ↓ | 18分 |
| 舟寄神社 | ↓ | 8分 |
| 厳島神社 | ↓ | 18分 |
| 伊那下神社 | | |

アクセス

【往路・復路】
伊豆急行下田駅 ⇆ 松崎ターミナル 東海バスで52分

Tuishie Spot!

### 伊那上神社　土俵

ここで伝統の奉納相撲と子ども相撲が行われている。毎年の行事として楽しみにしている人も多いという。

AJYOMISAKI-OTAGO course

西伊豆エリア

# 安城岬～大田子コース

## 心安らぐ風景に出逢える

海底火山の多様な地層があらわになった景観の数々。
有史以前の大地を直に感じられる、地球からの贈り物だ。

文:田邊詩野　写真:清水玲

### 歴史ある仁科を歩いて世界的ジオの堂ヶ島へ

美しい夕日で知られる国内有数の景勝地、西伊豆。太古の海底火山が永い年月をかけて浸食され、多様な地層をあらわにした姿は、世界的にも価値のある風景といっていいだろう。今回のコースは古い歴史を持つ仁科を起点に、大田子までの海岸沿いを歩く。

　スタートは安城岬ふれあい公園。広場を抜けて、岬の先端に向かう。土肥桜の林は早春の爽やかな空気に包まれ、ツワブキの深いグリーンが自然のグランドカバーになっている。「北条五代記」によれば、仁科郷の代官で土豪の須田《すだ》対馬守《つしまのかみ》久盛《ひさもり》がこの地に山城を築いたという。天文4年（1535）に津波の影響を受け、仁科川中流に拠点を移したが、その後も北条家家臣として仕えたらしい。砦跡は今も現地に残されている。

　道が分岐する辺りからウバメガシの林を抜けると、仁科港が見えてきた。そこから岬の突端「亀甲岩」へ。呼び名の通り海から顔を出す岩が、巨大な亀か怪獣の横顔のような形をしている。ここから海を見晴らすと、

# 太古の大地に立つ
# 時の流れを
# 一飛びに超えて

◆1.安城岬は国の名勝にも指定されている。周遊コースは90分ほど ◆2.3.岬の先端は、黒いスコリア層の上に亀甲岩の白い軽石層が覆っており、不思議な景観

◆4.佐波神社。毎年11月の秋祭りで古式豊かな式三番叟が奉納される ◆5.佐波神社の近くにある六地蔵

海底火山のパワーと悠久の年月、海と潮風が作り出したダイナミックな地層の数々を目の当たりにできる。絶景に後ろ髪を引かれながら再び公園入り口に戻り、堂ヶ島方面に向かって海岸線を行く。仁科港の手前に苔むした鳥居があり、六地蔵が並んでいる。一直線に上っていけば天王神社の拝殿だ。それを通り過ぎて、港前のはんばた市場を横目に見ながら伊豆峯次第の拝所の佐波《さわ》神社へ。

　佐波神社は式内社であることは間違いないのだが、大永2年（1522）以前の棟札は残っていない。元々は三島明神と八幡宮が仁科港の鴨ケ池遺跡のあたりに並んでいたものが、明応7年（1498）の大地震によって起きた津波で流され、100年以上の後、現在の地に移されたのだという。案内してくれたジオガイドの仲田慶枝さんによると、神社に現存する慶長10年（1605）の棟札には、99年前に津波に流されたこと、またそのことを決して忘れないようにという警告が書かれているという。両社は当初、別殿に祀られていたが、文政6年（1823）両社を合祀して一社に祀られ、現在に至る。神社入り口は沢田コミュニティ防災センターの入り口横にあった。石の鳥居

# 描かれた神の姿に古の人の心を想う

◇1. 2.白岩山岩堂の壁画。現在は格子越しに見学できるのみ。優美なタッチの鉄線描きで線刻された本尊金輪仏頂尊。作者不明 ◇3.枯野公園の鍛冶屋浜では美しい兜岩などが見られる

をぐって進むと一転、木造にスレート葺《ふき》の鳥居、小さいながら鎮守の森に守られた社殿が現れた。きれいに掃き清められている境内で参拝を済ませ、旧道へ入る。

小さな島々に囲まれたおだやかな乗浜を眺めながら、細いUの字を逆さにしたような小さな岬にある沢田公園、さらに先端の枯野《かるの》公園へと向かう。途中、沢田船溜まりの手前に白岩山岸壁窟画を見に立ち寄る。民宿の立ち並ぶ路地に入ると、凝灰岩の岩山を掘削した場所にお堂がしつらえてあり、「白岩山岩堂」とあった。間口3間ほどの引き戸を地元の方に開けてもらうと、奥行き約2.5m、高さ約2mの岩窟の正面に須弥檀《しゅみだん》、壁面に鉄線で描かれた仏像たちがずらりと現れ、思わず息を呑む。中央に描かれた本尊金輪仏頂尊の刻線には墨が入れられ、円形の光背には朱色が施されており、白岩山の文字も刻まれている。これらの壁画は室町時代、天福元年(1233)に創建された天福寺の廃寺跡に残されたものといわれている。今も地区の人の手で大切に管理されているものだ。

さらに進むと沢田公園の駐車場に出る。公園の断崖は海底に降り積もった火山灰や軽石の地層になって

おり、縞模様が美しい。仁科港の船溜まりからほどなく、鍛冶屋浜《かんじゃま》という小さな浜に出る。目に入った武士の兜のような三角形の岩は、これもまた見事な縞模様。枯野公園の辺りは「日本書紀」によると、15代応神天皇の命を受けて、船を造った場所の跡だという。「かつては〝祈浜〟と書いて〝のりはま〟と読んだんですよ」という仲田さんに導かれ、沢田公園の海側についた階段を下りていくと、凝灰岩のゴツゴツした岩場に出た。深いブルーの海がとても美しかった。

ここからは一旦車道に出て、10分ほどで堂ヶ島へ到着。海岸の崖は海底火山の噴火に伴い、泥や砂を巻き込んだ水底土石流の地層が本州へ追突して隆起し、浸食され、磨かれてきた。ここに波が侵食して洞窟（海食洞）ができ、大きくなった洞窟の天井が崩れてポッカリと穴が空いた場所が、国指定天然記念物の天窓洞である。遊覧船で海の上から眺めるのもいいが、今回は遊歩道を歩き、自然が描いた芸術的な塗り壁のような地層を楽しみながら、天窓洞を上から覗いてみた。展望台からは三四郎島がよく見える。ちょうど遊覧船がやってきたので船に手を振り、再び国道へ戻る。

拝所である堂ヶ島薬師堂は、堂ヶ島を出てすぐのところにあった。正式名称は走島山長平寺。可愛らしい赤いお堂の中には、鎌倉時代に作られた寄せ木造りによる木像の薬師如来坐像、阿弥陀如来坐像、釈迦如来坐像が安置されている。いずれも静岡県指定の重要文化財になっている。もともとは文永3年（1266）に臨済宗の寺院として建立されたが、天正18年（1590）の豊臣秀吉による北条攻めの際に焼失、文禄3年（1594）に宗元和尚がこの堂宇を再建し、3体の仏像を彫らせて安置したそうだ。

◇1.堂ヶ島の天窓洞を上から眺める。ちょうどクルーズ船が入ってきた ◇2. 3.海底火山の噴火に伴う水底土石流の上に降り積もった軽石や火山灰の白い層が、とても美しい

◇4.沢田公園へ向かう路地 ◇5.堂ヶ島遊歩道沿いに「足王神社」の碑があった ◇6.堂ヶ島薬師堂の境内。木彫の咳止め地蔵も安置されている ◇7.燈明ヶ崎へ

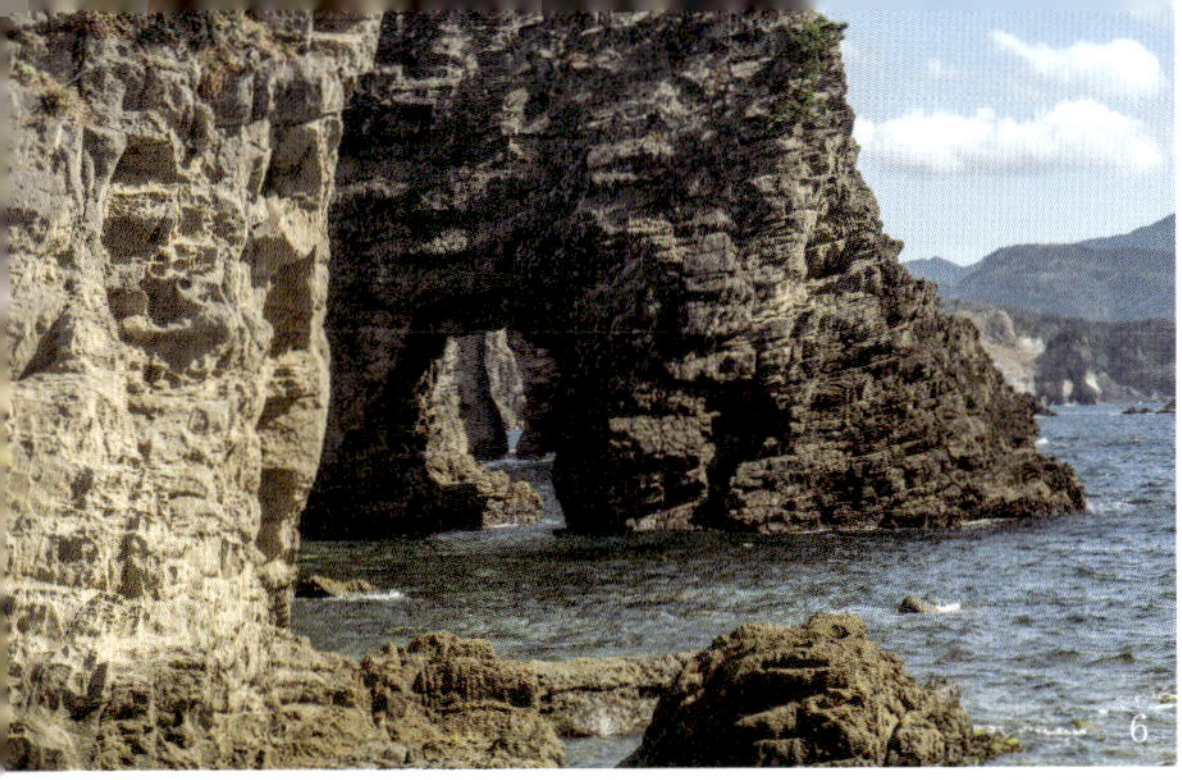

◇1.ひっそりと静まった神明神社拝殿 ◇2.波による侵食でできた五輪さんの祠 ◇3.田子に向かって歩く ◇4. 5.燈明ヶ崎遊歩道は、広がるパノラマを楽しめる場所もあれば、西伊豆の景観を眺められる場所もあり、何度行っても楽しめるコースだ ◇6.浮島海岸の奇岩 ◇7.大田子のメガネッチョと呼ばれるゴジラのような岩。噂に違わぬ夕日を楽しもう

ここから国道を渡って、西伊豆歩道の燈明ヶ崎コースに入る。木の階段を下りてしばらく歩くと浮島の集落に出る。町営の「しおさいの湯」にほど近い路地裏に拝所の神明神社があった。分かりにくい場所にあるが、ひっそりとした路地の奥、石積みの上に拝殿があった。浮島海岸は澄みきった青い海に、幾つもの奇岩がニョキニョキと立ち上がっている石の浜だ。ここから田子の瀬浜まで、小さな岬めぐりをしながら歩く。まずは林の中をしばらく上り、自然にできた半洞窟の祠「五輪さん」に着く。五輪とは、仏教で「地・水・火・風・空」を指すが、火山や海、そして空が広がるこの地は、まさにこの5つの要素によって作られているのだと妙に納得がいった。

コースのクライマックスは、海に張り出した岩の突端からの絶景。眼下には深いブルーの海、三四郎島や雲見の烏帽子山も見え、天気が良ければ駿河湾の向こう側にある日本平や南アルプスまでが遥かに見渡せる。灯台の前身「燈明堂」の跡を確認して、田子の瀬浜に下りる。田子から浮島までの地域は古くから遠洋漁業が盛んで、カツオやサンマの水揚げ港でもあった。浜の端っこにあるカツオ供養塔が当時を偲ばせる。ゴールはここからもうしばらく先。田子の街中を抜け、漁港を過ぎた大田子の海岸だ。この海岸は「日本の夕日百選」に選ばれていて、夕陽が海に真っ直ぐ落ちる。小さなゴジラのようにも見える岩が沖合に佇んでいる。移動販売のコーヒーを手に夕方まで待って、夕日を見物してから帰路に就こう。

Corse Map!

コースガイド

16 km

安城岬公園入り口
↓ 40分
亀甲岩
↓ 40分
安城岬公園入り口
↓ 12分
佐波神社
↓ 9分
枯野公園
↓ 18分
堂ヶ島薬師堂
↓ 30分
神明神社
↓ 60分
田子漁港
↓ 9分
大田子海岸

アクセス

【往路】伊豆箱根鉄道修善寺駅より東海バス松崎方面行き90分　仁科車庫バス停下車　徒歩５分
【復路】大田子バス停より東海バス修善寺駅方面行き82分

Tuishie Spot!

### 乗浜

透明度の高い美しい海と奇岩に囲まれた穏やかな乗浜。浜の端っこにある洞窟もお勧めだ。

TAGO-ARARI course

# 静かな情緒が旅心を誘う

日本一の夕日で名高い西伊豆。
どこか懐かしい風情の海辺の町並み。

文:船本祐司　写真:清水玲

西伊豆エリア

## 田子～安良里コース

### カツオ漁で栄えた田子港今山遊歩道へ

海底火山の噴火によって造られた西伊豆の海岸線には、急峻な山々に囲まれた集落がいくつも点在する。そのうちの一つである田子《たご》は、湾口に浮かぶ尊之島が守る天然の良港。入り江の水深は40mもあり、かつてはカツオやイルカの群れが現れることもあった。特産のカツオの塩漬け「潮かつお」は、奈良時代には税として平城京に納められていたという。現在も正月飾りとして製造が続いている、伝統が息づく港町だ。

スタートは拝所の哆胡《たご》神社。田子港付近にある小高い丘の上の神社だ。今回は港の北にある今山の外周を歩き、安良里《あらり》の集落を目指す。参拝を済ませたら、まずは大田子海岸へ。春分・秋分の日前後には、美しい夕日が沖に浮かぶゴジラ岩（メガネッチョ）や田子島と重なり、幻想的な光景が広がる景勝地である。

川を越えると西伊豆遊歩道（今山コース）の入り口がある。伊豆峯次第によると、次の拝所へ進むためにはこの道を進まず、旧国道西側の古道を歩く必要がある。だが、現在は

◇1.哆胡神社のある場所はかつて「合の浦」と呼ばれていた。旧田子村ではここを境に北側を大田子、南側を井田子と称していたそうだ ◇2.日本一の夕日、大田子海岸

◇3.白山権現。お堂の中に石造の白山権現、不動明王が祀られている ◇4.日本一開花が早い土肥桜 ◇5.今山峠へ ◇6.アロエ畑の収穫風景 ◇7.田子瀬浜海岸

草や木が茂る未整備の道となっているため、今回はルートを変えて峠越えをしたい。時間に余裕があれば、古道の手前の拝所・円成寺、それに隣接する白山権現まで見学し、遊歩道入り口まで戻ってくるのもいいだろう。特に白山権現は海底土石流の地層にできたお堂が建てられおり、自然の神秘が感じられる霊場として一見の価値がある。

西伊豆遊歩道は、駿河湾に突き出た丸い半島の中腹を半周する全長約7㎞の道だ。かつて今山は茅場として利用されていたため、古い道がいくつも残っている。現在の遊歩道は昭和29年(1954)に農道として開かれたもので、山を切り崩した跡が随所に見られる。

取材したのは早春の時期。途中にある民家の庭には土肥桜が花をつけていた。早咲きといえば河津桜が有名だが、土肥桜はそれよりもさらに早く開花するという。歩道からは西伊豆の海と荒々しい岩礁に加え、キダチアロエの段々畑も見える。「冬になると真っ赤な花が咲いて、一段と美しい光景が広がります」。ガイドの藤井駒一さんがそう教えてくれた。

# 山々に護られている 静かな入江

◇1.今山遊歩道をしばらく上ると田子の全景が見えてきた ◇2.遊歩道には、素掘りのトンネルも ◇3.4.峠を越えると富士山も見える ◇5.安良里の港が見えてきた

藤井さんに導かれ、いったんコースを外れて海岸へ下りる。岩場に囲まれた浜は、どこかひっそりとした雰囲気が漂う。実はこの辺りで、平成9年(1997)に地元有志による発掘が行われ、須恵器・黒曜石の鏃《やじり》・太刀・鍔《つば》など、古墳時代の遺物が多く見つかったという。近くには田子小松城と呼ばれる城跡もあり、海からの敵襲を見張る「監視場」や、沖から船を見えないように停泊させる「船隠し」など、地形を生かした水軍基地の跡と見られる場所もあるそうだ。

もと来た道を戻り、モルタル吹き付けの素掘りトンネルを抜けると、コースは舗装された道路から山道に変わる。途中の東屋からは田子沖に浮かぶ弁天島や尊之島、燈明ヶ崎や雲見・烏帽子山など、今山南側の景色が一望できた。峠を越えた辺りからしばらくは、見晴らしのよい道が続く。富士山展望所までたどり着くと、今度は黄金崎や恋人岬、そして富士山と、先ほどの東屋とはまったく異なる今山北側の風景が広がっていた。

## 文化人の愛した安良里
## 修験者の拝所まで

ここから長い坂を下っていくと、網屋崎に向かう道との分岐がある。網屋崎は湾口に突き出した砂嘴《さし》で、荒波から安良里港を守る天然の防波堤になっている。かつては、この地形を利用したイルカの追い込み漁が盛んに行われ、数年前までは専用の網を保管した茅葺《かやぶ》きの小屋も残されていた。徒歩か船でしかたどり着けない、知る人ぞ知るスポットである。

起伏のある明るい杉林の道を抜ければ、安良里の集落が見えてくる。安良里港は別名「巾着港」ともいわれる深い入り江で、俳優・加山雄三さんのクルーザーが停泊していたことでも知られる。港内にある造船所は今も現役で、クレーンの活気のある起動音が響き渡っていた。集落を進むと拝所・多爾夜《たにや》神社に到着する。創建年は不明だが式内社とみられる社で、伊豆峯次第には拝所名の「走湯大権現」「三嶋大明神」という記載がある。道沿いに立つ不動明王の石像からも、神仏習合である修験道の

◆1. 2. 多爾夜神社。道沿いには不動明王が祀られていた ◆3. 三島由紀夫が宿泊していたという元旅館 ◆5. 今山からの駿河湾と富士山 ◆4. 6. 7. 今山峠を下って安良里へ

名残が感じられる。
　ゴールは神社のすぐ近くにある拝所・大聖寺。現在は臨済宗だが、創建当初は真言宗だった。本堂へと続く石段の両脇には不動明王像が立ち並ぶ。本尊の不動明王坐像は聖徳太子が彫ったものとされ、平安末期の僧・文覚《もんがく》上人が安置したという伝説も残る。別名は「波切不動」。安政の大地震の折、この地で津波が止まったと伝わり今も漁業や海運の関係者から厚く信仰されている。60年に一度御開帳となる秘仏だが、隣接する庭園でそのレプリカ像を拝むことができる。
　さらに奥に進むと、高さ10mはあろうかという岩塊が目に飛び込んできた。しかも、一つや二つではない。一帯にいくつもの岩があり、コケや樹木に覆われている。伊豆峯次第にはこの地が「此所護摩所」と記されている。この巨石群を前に、往時の修験者は何を念じ祈っていたのだろうか。一瞬、護摩焚きの炎が風に揺れ、静かに消えたような気がした。

◇1.安良里集落に下りたあたりにある浦上地蔵。丁寧に祀られている ◇2.~4.伊豆八十八ヶ所霊場の85番札所でもある大聖寺。厳かな佇まいだが、境内奥にある巨石の迫力ある姿には驚かされた

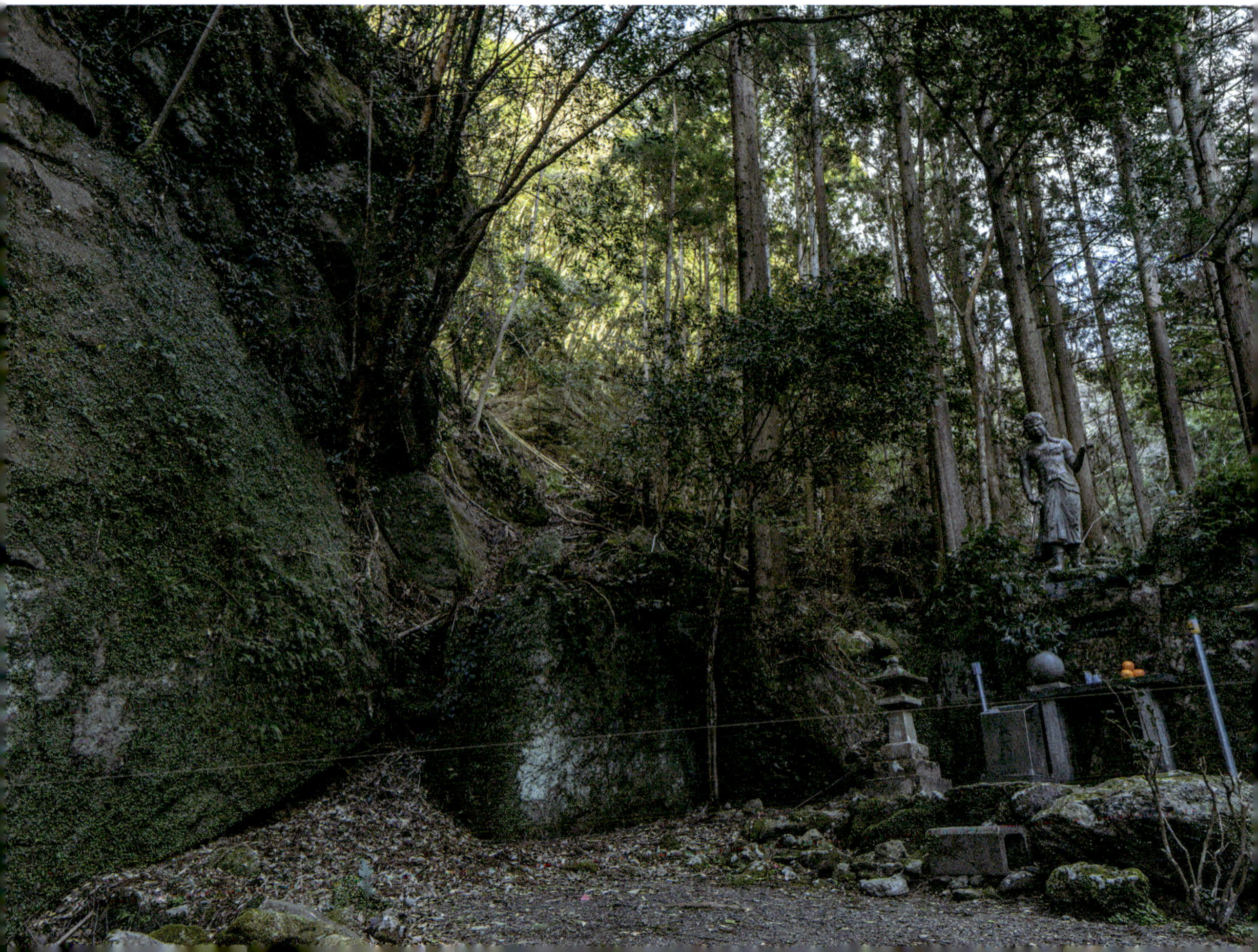

Corse Map!

## コースガイド

9 km

- 哆胡神社
- ↓ 10分
- 西伊豆遊歩道 今山コース入口
- ↓ 120分
- 海豚供養塔
- ↓ 16分
- 多爾夜神社
- ↓ 1分
- 大聖寺

## アクセス

【往路】伊豆箱根鉄道修善寺駅より東海バス松崎方面行き85分　田子バス停下車　徒歩1分
【復路】安良里バス停より東海バス修善寺駅方面行き76分

Tuishie Spot!

### 網屋崎　浦守神社

安良里港に突き出した網屋崎の付け根、巾着港の口の部分にある神社。ぐるりと回らなければ辿り着けない穴場。

西伊豆エリア

# 舟山～戸田
コース

FUNAYAMA-HEDA course

# 美しい岬に守られた穏やかな地

駿河湾越しに富士を望む美しい岬。
ロシア兵に愛された戸田へ。

文：船本祐司　写真：清水玲

## 静かな舟山の集落から峠道を越える

伊豆北西部に裾野を広げる達磨山《だるまやま》は、天城山と並んで半島を代表する大型火山だ。今回は達磨山の南西麓にある舟山の集落から、戸田の町を目指して歩く。

　スタート地点は伊豆峯次第の拝所・神明神社。社殿には波をかたどった彫刻が施されていて、彫り抜かれた光り輝く黄金の玉が印象的だ。境内にそびえるご神木のイヌマキは今も成長を続けているらしく、地面に盛り上がった根が石畳をゆがませていた。

　舟山の集落は、達磨山から流れ込んだ土砂が谷底に厚く溜まることで形成された傾斜面にある。家の敷地や畑は階段上に造成されており、イシバと呼ばれる石垣があちらこちらに見られる。季節は冬。西伊豆特有の駿河湾から吹きつける冷たい北風・西風を受けながら、しばらく県道を北へ進んでいくと、「西伊豆歩道・戸

◆1. 2. 神明神社の境内は、ひっそりと厳かな雰囲気に満ちている。人影はなかったが、よく手入れされている気配があった。蛙股の波模様の彫り物。玉のように見えるのは朝日か？

## 地の神を大切に 心豊かに暮らす集落

◆3. 西伊豆歩道へ ◆4. 首をはねられた石仏。顔の代わりに石を乗せたり、セメントで固めたりしている。地元の人の愛情が伝わる光景だ ◆5. 途中の道標

田コース」の入り口に出た。峠で挟んで舟山から戸田の集落までを結ぶ約2.5㎞の古道である。いわゆる里道であり、定間隔に立っている電柱をたどっていけばまず迷うことはない。

　いったん車道を横切り、再び古道に入る。峠に到着すると、風格ある枝ぶりのタブの木が迎えてくれた。赤い前掛けをした地蔵も何体か佇んでいる。しかし、よく見ると、首がはねられていたり、顔が削り取られたりした姿もあり、思わずぎょっとしてしまう。おそらく明治初頭に起こった廃仏毀釈の痕跡だろう。

　道標を兼ねた巡拝塔には「右　やまみち　左　戸田道」とあり、この旧道は戸田と舟山とを結ぶ生活道

◆1.段々畑跡。道沿いの石垣が美しい ◆2.戸田の街を見晴らす ◆3.文字がすっかり消えてしまった道標 ◆4.戸田の市街地には水場が残っていた ◆5.宝泉寺

## ロシア兵を助け、弔った人びとの行動を偲ぶ

だったことが分かる。「文化四年」と刻まれているので、江戸時代後期に建てられたようだ。当時は「巡拝」、つまり信仰を大義にして庶民が旅に出るようになっていった時代に当たる。集落の人々でお金を出し合い、その年の代表者が巡礼する「講」が盛んに行われていた頃だ。講に出た人々は長旅を通し、きっと多くのことを学んだことだろう。我々も先人に倣い、感覚を研ぎ澄ませながら歩みを進めたい。

坂を下っていくと、段々畑の跡地が広がっていく。道は背の高さほどに積み上げられた石垣に囲まれており、時々大きな礫が転がっていることもあるので、浮石に足をすくわれないように注意しながら行く。戸田の集落を一望できる場所までやってきたら、目的地まであと一息だ。

舗装道になると斜面は一気に急になり、ほどなく舟山と戸田の集落を結ぶ道の出入り口に差し掛かる。角に立つ古い石碑は、もはや原型は留めていない。それでも確かに人が歩いてきた道の歴史を語る痕跡だ。この旧道を右折すれば次の拝所だが、戸田を語る上では外せないロシアとの関係を探ってみたい。あえて左折して宝泉寺に立ち寄ることにした。

2

5

伊豆の幕末史といえば、ペリー率いるアメリカ艦隊の下田来航がすぐに思い浮かぶ。しかし当時、日本は別の国とも開国交渉を行っていたこ

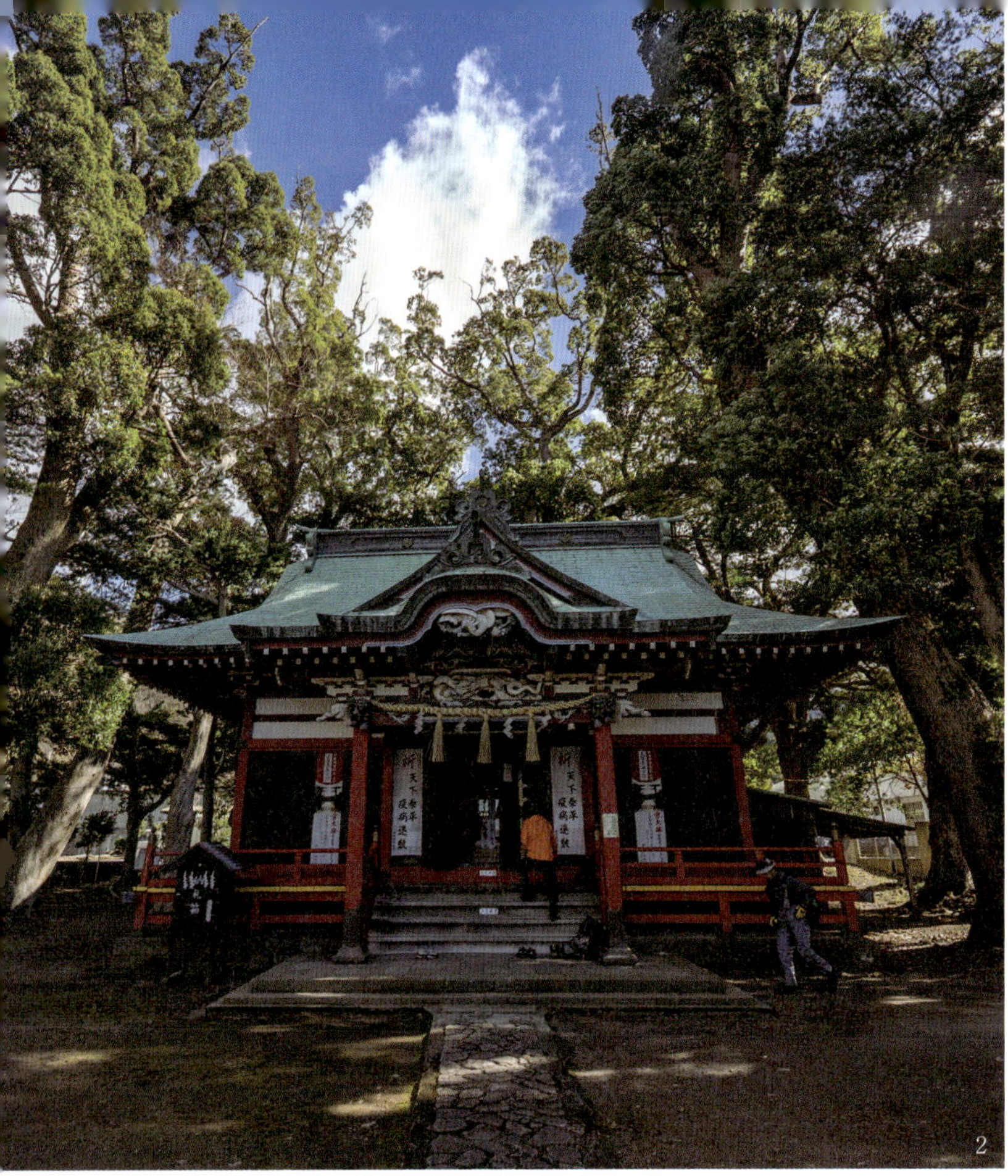

◇1. 2.クスノキやヒノキ、イヌマキなどの巨木に囲まれた部田神社境内。清々しい空気が流れる ◇3.宝泉寺の境内には滞在中亡くなったロシア人水兵2人の墓碑がある

とをご存じだろうか。その一つがロシアだった。嘉永7年（1854）、プチャーチン提督ら使節団乗艦のディアナ号が下田に停泊し、条約交渉に当たっていた。一行はそこで安政東海地震として知られる巨大地震に遭遇する。船は大津波に巻き込まれて大破、修理のために戸田へ曳航されることになった。駿河湾に至ったものの、強風で田子の浦沖まで流されて結局沈没。沿岸住民が総出で乗員救出に当たったという。幕府は助かった500人の帰還用代替船を戸田で建造することを認め、完成するまで戸田村に滞在するよう命じた。宝泉寺はその時、プチャーチンや上官等の宿舎となったところだ。

さて、鎖国当時の日本のこと、幕府は外国人と住民を接触させまいと懸命だった。村の出入り口に関所を設けて封鎖すると同時に、関所の内側にいる村民にはロシア人との間では「もらうな、やるな（与えるな）、つきあうな」との禁制を敷いたという。だが、多くの人々が集まったため、あまり徹底はされていなかったようだ。地元の口伝によると、地元の娘たちはロシアの若者たちに熱をあげ、やがて恋に落ちて子をもうける娘までいたという。

一方、ロシアの船員たちは戸田近隣の大工と協力しあい、わずか3ヶ月で日本初の本格的な洋式帆船を完成させた。大工たちの優れた技術や彼らの持つ道具はロシア人を驚かせたという。プチャーチンは無事進水した船を、村人への感謝を込め「ヘダ号」と名付けた。こうして使節団は無事に帰国することができ、以降、今日においても戸田とロシアは友好な関係を築いている。幕末の動乱期、裏面史ともいえる人間味に満ちたエピソードだろう。

戸田は1940年代になって初めて陸路の車道が開かれた。それゆえか、道行く風景にはどこか懐かしい雰囲気が漂っていて、時間の流れも普段よりゆっくりと感じられる。宝泉寺から北東に向かい、ゴールである伊豆峯次第の拝所・部田《へだ》神社に到着。西伊豆の総鎮守とされ、延喜式神名帳に記される千年以上の歴史を持つ神社だ。戸田を海から守護する御浜岬の諸口神社に対し、部田神社は山から守護する氏神に当たるという。その霊験はあらたかで、実際に海の津波も山の津波（土石流のこと）も、これまで部田神社まで届いたことはないそうだ。

コースガイド

6 km

神明神社
↓ 15分
西伊豆歩道
戸田コース入口
↓ 40分
宝泉寺
↓ 17分
部田神社

アクセス

【往路】伊豆箱根鉄道修善寺駅より戸田方面行き50分、戸田交通デマンドタクシー(要予約)14分
【復路】戸田バス停より伊豆箱根鉄道修善寺駅方面行き50分

Tuishie Spot!

### 小舟ヶ浜

御浜岬の先端にある諸口神社の鳥居が立つ小舟ヶ浜。赤い鳥居越しの海は、沼津の宝100選にも選ばれたそう。

HEDA-ITA course

西伊豆エリア

# 戸田～井田 コース

## 知られざる隠れ里を目指して

かつては船での往来の方が楽だったという
縄文から続く人の営みを訪ねて。

文:船本祐司　写真:清水玲

### 近くて遠い、戸田から井田へ

伊豆半島の北西部に位置する戸田は近年、深海魚漁で注目を浴びている港町だ。戸田湾に突き出た御浜岬は、海流に運ばれた土砂が帯状に堆積してできた砂嘴《さし》で、先端には諸口神社の美しい朱の鳥居が立つ。ここから眺める富士山と奥駿河湾の光景はまさに絶景であり、パワースポットとして名高い。今回のコースは、そんな戸田の集落中央にある伊豆峯次第の拝所・部田《へだ》神社からスタートし、北側の集落・井田を目指す。

戸田は達磨山《だるまやま》を源流として戸田の

# 古びた家並みに 昭和にタイムスリップ

市街地に流れ込む大川の扇状地で、かつては一面に田園風景が広がっていた。現在のように住宅が立ち並ぶ前は、1㎞以上先の海沿いからも部田神社の鳥居が見えたという。神社の参道からやや北側に位置する大川沿いの道を進み、河口近くの大川橋を渡ると、ひときわ立派な建物があった。江戸時代後半から明治時代にかけて廻船業で財を成した松城家の旧邸宅だ。当時の写真によると、かつては門前には水路があり、橋が架けられていたらしい。

邸宅の裏を通り、集落を出て海岸線の県道を北へ歩くとY字路が現れた。山側斜面の看板に「西伊豆歩道・井田コース」と書かれており、整備された遊歩道である。橋を渡ってワンブロック先を右折すると階段道が待っている。かなり急峻な登り坂で、舗装されている箇所は滑りやすいので、ペースを落として慎重に進もう。

しばらく行くと再び県道にぶつかる。車に注意を払いながら直進し、山中へ続く坂を登っていくと、切り立つ崖に高く積み上げられた段々畑の石垣が見えてきた。つづら折りの坂を越えて山の背に差し掛かると、道は緩やかになり、ゴロゴロと大きな石が目立つようになる。この辺り

✪1. 2.部田神社を出発して大川沿いを歩く。昭和36年の水害の後、川を北側に寄せるような大規模工事を行った。かつては神社の鳥居から海までは何もなかったが、今では立派な新興住宅地になった

✪3.海まで出たら北上するように国道を歩き、港を左手に見ながら進むとY字路に ✪4.かつての生活道だったのだろう、石積みがされた道に階段が作られている

は江戸時代の石丁場の跡地。戸田地方では江戸城の建築のため、達磨火山を中心に硬い安山岩が大量に切り出されていた。元々は江戸幕府のいわゆる「天下普請」の土木事業で大名が請けていたものだが、江戸末期になると商人や村人による地域産業へと発展したという。ここ沢海山《たくみやま》では、将軍家の墓所の灯籠を大量に受注して石を切り出していたそうだ。

道には落ち葉が積み重なり、ふわっとした踏み心地が気持ちいい。これを上りきれば乗越《のっこし》(峠)だ。整備された東屋があるので一休みする。峠にある道標には「右ハ山ミち 左ハ井田ミち」とあり、「享和二壬戌(1802年)」と彫られている。古くから生活道として利用されていたのだろう。

峠の地蔵に安全を願った後、井田方面へ穏やかな山林を下っていく。比較的新しい石段を上りきると舗装された作業道と合流するので、案内看板に従って苔むした林道を下っていく。

舗装道は見晴らしが良く、天気に恵まれれば海越しの富士山を望める。西伊豆ならではの醍醐味だ。道なりに下るとしばらく車道が続くので車に注意したい。道中には日本最大といわれるアブラギリの群生地があり、ハイキングコースもあるが、現在は雑草などで荒れていた。一周650

◆1.途中の石切場跡には、矢穴がついた大きな石がたくさん転がっている ◆2.峠で見つけた道標

◆3. 4.アブラギリ群生地の入り口。地面にアブラギリの実がたくさん落ちていた ◆5.伊豆半島ではよく見かけるウラシマソウ ◆6.煌めきの丘。晴れていれば富士山が見える

mの短いコースのため、雑草の少ない冬期であれば立ち寄ってもいいかもしれない。アブラギリは高さ10mになる喬木の落葉樹で、毎年5月下旬～6月中旬に白い花を咲かせる。この種子から搾った桐油は、明治初期まで行燈の燈油や唐傘の防水に活用されていたそうだ。現在は特に利用されることなく、秋になると種子が自然に落下して足の踏み場がないほど地面を埋め尽くす。何とももったいないことと後ろ髪を引かれつつ、先を急ぐ。

山道の先には、樒《しきび》の生産地があった。極楽浄土に咲く蓮の花に似ていることから、修験者・空海が密教の修行で使用したとされ、今も供花として使われる植物だ。石碑を越えて灌木地帯を進み、最後の山道を下ると再び県道に出る。次第に視界が開け、広い空と駿河湾が見えてきた。その先にある「煌《きら》めきの丘」からは、眼下に井田の集落を望める。早春の頃には町一帯に咲く菜の花と、正面にそびえる富士山が同時に楽しめる最高のフォトスポットだ。

この展望台を下った先には、古墳時代の遺跡もある。伊豆半島最大規模の石室がある、井田松江《いたすんごう》古墳群だ。6世紀から7世紀頃に築かれたと推定され、20基以上の古墳が標高50m以上の尾根の上に築かれている。遺跡からは貴重な装飾の付いた大刀が出土したことから、海上交通によって他の地域との関わった人々が葬られたと考えられている。きっと当時の人々も、この丘から同じような風景を見ていたのだろう。

❖1. 2.井田松江古墳群。煌めきの丘から下を見ると、小さな小山がいくつか盛り上がりを作って下の方に続いている。井田が古い地域であることの証だ ❖3. 4.井田の集落

## 独自の文化を持つ 海と田畑の民

丸太の段を下ると、海の近くに広がる大きな池が見えてきた。明神池だ。元は海の一部だったが、砂嘴が発達して海から切り離され、次第に淡水に変わった海跡湖だという。戸田の御浜岬も似たような形状をしているが、こちらは完全に湾が閉じられ、池として独立している。海まで50m程の距離しかないのに真水が湧くという、何とも不思議なスポットである。

池の周囲は遊歩道として整備されて、桜やツツジも見られるので季節を変えて訪れるのも面白い。その先にある伊豆峯次第の拝所、井田神社でゴール。入り口にナギの大木があり、ナギの葉の裏に想う人の名を書いて枝に結ぶと想いが叶うという。清らかな自然がそのまま残る美しい井田の里なら、その効力は抜群だろう。

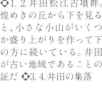

◆1.砂嘴の先端が湾を閉じてできた砂洲、その陸地側に海から切り離されてしまった湖が残ったものが明神池の始まりだ。今では淡水魚など多くの生き物が棲む

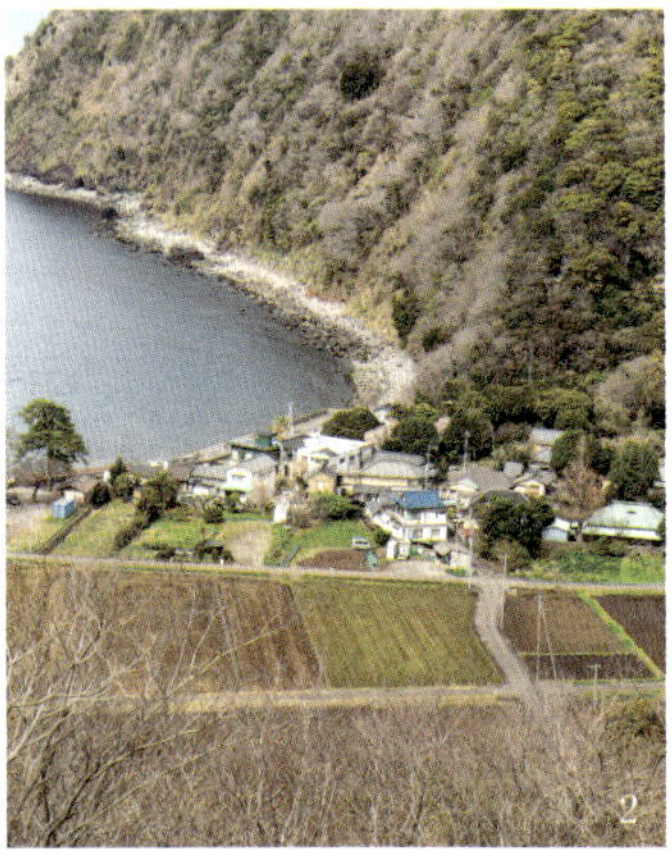

◆2.ダイビングスポットとしても知られる井田の海岸線。透明度が高く、紺碧のブルーが美しい。この海水を使って、塩釜を薪で炊き続けて作る塩炊きも行われているそうだ ◆3.井田の田園風景 ◆4.~6.井田神社の参道と境内。つつましい造りながらきれいに掃き清められ、ピンと張り詰めた空気が漂っていた。氏子の方々が大切に守っていることが伝わってくるような神社だ

Corse Map!

コースガイド

7 km

| | | |
|---|---|---|
| 部田神社 | | |
| ↓ | 35分 | |
| 西伊豆歩道<br>井田コース入口 | | |
| ↓ | 60分 | |
| 煌めきの丘 | | |
| ↓ | 2分 | |
| 明神池 | | |
| ↓ | 12分 | |
| 井田神社 | | |

アクセス

【往路】伊豆箱根鉄道修善寺駅より戸田方面行き50分
【復路】井田より戸田交通デマンドタクシー(要予約)10分
戸田バス停より伊豆箱根鉄道修善寺駅方面行き50分

Tuishie Spot!

### 稲木家の蘇鉄

戸田の集落のある家の前にくると、誰もが目を留める大きくて見事な蘇鉄。なんと樹齢500年ほど！天然記念物に指定されている。

Column

# 海洋文化と伊豆半島

考古学者　金子浩之

## 伊豆半島の古道

伊豆半島は小さな半島でありながら、海岸線と山間地帯が近く、人びとはさまざまな方法で峠や山を越え、生活のため、公のため、生きるために、数多くの道を拓いてきました。

また海洋交通が主たる移動手段だった古い時代を含めると、その歴史は実に重層的で、多様でした。「古道」の歴史を紐解いていくと、史実に根ざしたそれぞれの地域の真の姿が垣間見えてきます。

## 古道の成り立ち

伊豆の古道は無数にあり、また、時空を越えた広がりをもっている。

古道には獣道に近い姿のものもあれば、源頼朝が寺社詣《もう》でを重ねた中世の道や江戸時代に下田奉行が行列を連ねて江戸と往き来した道もある。洋上に白帆が並ぶ海道もあり、大小の漁船が列島各地を縫うように走り抜け、海崖ギリギリを走り抜けるバス道が家族旅行の楽しい想い出を醸す時代もあった。

暗い谷間から仰ぎ見る山稜に至る道、白波洗う海道も遥かに伊豆の隅々にまで通じており、川辺の涼やかな瀬音に包まれて沢登りすると、行く手を大滝が阻み、深い滝壺には妖気が漂っていた。こうした変化の激しい自然の中に伊豆の古道が開けている。

渓流を遡る道は伊豆の杣《そま》たちの道であったが、伐り倒された材木は、やがて湊《みなと》まで運ばれて船大工たちの手で洋上の大船に変じる。杣道は山中に無数にあるのだが、縦横に延びるこの道は三万数千年も前の原始日本の人々によって開かれてきた道とも重なる。この事実は伊豆を歩いた考古学者たちによっても明らかにされてきた。

## 縄文人と黒曜石の道

日本人の歴史を三万年も遡ると後期旧石器時代に至るが、彼らは天城山の尾根筋や箱根山の谷に分け入り、富士の裾野で獣を狩った。そこに必要な資《たから》は黒曜石《こくようせき》であったが、原始の伊豆人は黒曜石の在り処を探りながら伊豆の隅々にまで探索を重ねた。その黒曜石の原産地は伊豆に数箇所あり、箱根・柏峠・神津島の黒曜石が原始の人々の最も重要な石器素材として各集落に持ち帰られていた。

私は、縄文集落遺跡の近くで育った。子どもの頃からミカン畑の中に点々と広がる土器片や黒曜石片を拾い集めたが、やがて、この地の黒曜石や縄文土器片が一万五千年も前の縄文人たちによって神津島から持ち帰られたものであることを知った。縄文土器を携えた人々が、太平洋の波濤を越えて神津島に渡り、かの地の巨大な黒曜石の岩壁から得た石材を丸木船に積み込んで本土まで運んでいた。

黒曜石の採掘遺跡は半島内にも点在し、例えば伊豆市と伊東市の境界付近の柏峠にも旧石器時代の黒曜石採掘跡が見つかっており、箱根山中にも同様な遺跡がある。黒曜石を運ぶ道は数万年前から既に伊豆諸島や天城の山嶺の中に原始の道として通じていたのである。

## 洞窟と峠道

伊豆には峠道もまた数多くある。日金峠・十国峠・亀石峠・天城峠・婆沙羅峠・国士峠・蛇石峠などは著名だが、名もない峠もまた数多い。峠の向こうに広がる景色や空気感は明らかに違うものがあり、人の顔は似ていたとしても、景色も言葉の響きにも違いがある。そうした異界との接点となる峠に我々の先祖たちは彼岸と此岸を結ぶ道との意識をもってきた。

峠の向うには湊町があり、流浪の旅人、主命を帯びた武士、利を求める商人、神符や御札を携えた御師、盲目のゴゼなどいろいろな人々が峠道をたどった。また、峠を越えて来るのは人ばかりではない。悲しい知らせも峠を越え来るし、小躍りするほどうれしい寄クジラの知らせも到来した。山間の淋しい村に華々しい音色を響かせる芸能者も峠を越えてやって来る。

一方、伊豆の奇岩景勝の中には大小の洞窟もある。峠は異界との通路と観念されたが、伊豆の洞窟もまた異界への出入口であると意識されてきた。

伊豆半島最南端石廊崎の洋上に伊豆諸島の島影が続く
右端が黒曜石を産する神津島
写真提供・東海自動車(株)

南伊豆のある集落の裏山に造られた岩屋の入口には黒い石材を用いた六体の地蔵像が構えられている。六地蔵は死後の世界との境界に立つ仏と知られているが、この岩屋の入口に立つ黒い地蔵はあの世との境に立つ石仏である。現実には岩窟や洞窟の奥は通り抜け出来ないが、観念上、死霊はこれを通り抜けて死後の世界に至ると考えられてきた。伊豆各地の洞窟は『古事記』にいう「黄泉《よもつ》平坂《ひらさか》」であり、あの世とこの世を繋ぐ道であった。峠道もまた異界との境界であると意識されてきたのであるから洞窟と峠とは共に彼岸と此岸を結ぶ道とみられてきたのである。

## 塩木道

村人が愛馬と共に歩んだ古道もたくさんある。山々を覆う樹木は村人によって燃料用の薪に仕立てられ、自分と愛馬の背に負わせて湊まで運び出されてきた。すると湊では薪の対価として米・麦・塩・茶や魚貝を山中の村々へ持ち返ることができた。山に繁茂する樹木が貨幣と同じ役割を果たしたことになるが、山の村と海辺の村との間に薪が往返するしくみが前近代の伊豆の経済態勢として続いた。

薪として江戸へ運ばれた伊豆の樹木は、長屋くらしの人々にも、また、大名屋敷でも煮炊きのための燃料にされた。伊豆国内の二〇〇艘余りの廻船はどれも伊豆の薪を主要な船荷として江戸へ向かった。伊豆諸島の山々も無尽蔵ともいえる樹木に覆われており、これも「江戸薪」として運ばれたが、実はこの伊豆と伊豆諸島の薪は本来、各地の製塩作業用の燃料にされて来たものであり、伊豆での古名は「塩木」であった。つまり、伊豆では古代から既に薪が海岸へ運び出されて、海辺で塩焼きが行われてきたために薪は「塩木」と呼ばれる経緯を負ってきたのである。

ところが、江戸中期にいたると伊豆の製塩業は瀬戸内から運ばれる十州塩との競争に敗れて大きく衰退する。しかし一方で、江戸の人口は増加し続けるので、塩木には江戸で煮炊き用の燃料にされる道が開けた。これによって、塩木を海辺まで運び、返り荷に米や海産物を持ち返る生業が江戸中期以降も継続し、塩木を運んだ古道は「塩木道」と呼ばれながら山中の「塩木山」と結ばれていた。

天城山中から宇佐美の湊に至る地蔵峠越えのルートは塩木道のひとつである。この道をたどると急坂に差しかかる手前の分岐点に採るべき道を指さす石仏が微笑ながら立っている(写真1)。人馬共に石仏の前で一息つくのだが、この仏が指さす峠の向うには大見郷と狩野郷という広大な森林地帯が広がっている。

1.宇佐美地蔵峠への道を指さす石仏
2.南伊豆の某神社に奉納された平安時代の青銅鏡
写真提供・南伊豆町

## 古代・中世からの道

こうした伊豆の塩木道の歴史は、少なくとも鎌倉初期までは遡り得る歴史がある。塩木に止まらず伊豆の石材や木材などの資源は鎌倉へ運ばれ続けてきた。その証拠は、鎌倉大仏の周囲に残された礎石が伊豆産の安山岩であるのが動かぬ証拠である。鎌倉を築いた源頼朝も、また、源実朝も伊豆を母国とみており、この国の資源と人々との連携を基に武士の時代を築いた。

弘安二年(一二七九)という年に阿仏尼という女性は鎌倉を目指して箱根路を越えたが、その著作『十六夜《いざよい》日記《にっき》』には、箱根の険路を越えた彼女の眼に早川河口の陽光と「塩木」の輸送が映った。箱根山中の樹木も早川の急流に任せて塩木として川下しが行われており、明るく伸びやかなその光景は彼女の眼に新鮮に映ったのであろう。

伊豆の古道をたどった人々には阿仏尼の他にもいろいろある。なかには、朝廷から派遣された官人の姿もあり、彼らは奈良時代以来の伊豆の官道を馬上に通り過ぎた。奈良・平安時代の国内の統治は律令体制がとられたが、その規定から伊豆にも国府と郡衙が置かれ、都からは国司が派遣された。次官の伊豆国介や郡司には伊豆で育った豪族や武士たちが就任した。こうした官人たちは伊豆の牧で飼養された官馬を用いて官道を往き来する律令の規定が働いた。よって、奈良時代には三島の国府と賀茂郡衙（南伊豆町）や那賀郡衙（松崎町）を結ぶ道が整えられていた。国司などの官僚は行政を掌握するが、一方で、神社の祭祀行為も重要な職務であり、国司や郡司が伊豆の道をたどるのは伊豆の神々を祀るためでもあった。

巨岩の間をすり抜けて潜水漁に向かう少女たち（昭和45年撮影）　写真提供・東海自動車（株）

## 伊豆の絶景と神々

伊豆は特異な自然条件のもとで絶景に恵まれている。海上の島々、岬、巨大な岩壁や海と秀峰、砂浜と岬など、どれも他国にはない絶景の連続である。しかし、その景観は単に美しいだけでなく一瞬ごとに光の変化が挟在しており、朝日夕日のみならず、月光や暴風雨に洗われ、雷火に撃たれる激しい変化も生じている。そこに人々は荒ぶる神の姿を感得してきたし、美しい景観の中に神々の鎮まる姿を観《み》てきたのである。その結果、伊豆の人々は山や海や島を遥拝し、海神を祀り、巨岩や巨木に山神の依代《よりしろ》を見出してきた。伊豆の人々は神々を怖れ、その鎮護を願いつつ神祀りを行うことで、神々との共生を図って来た。

明治初年の伊豆の神道界をリードした萩原正平・正夫父子は、他国に比べて神社が異常なほど数多くある現象を評して、伊豆の人々が「祀山望石」の類にまで神を見出してきたからであると評した。正にそのとおりであり、人々は伊豆の山野河海のいちいちに神性を見出して神々を祀ってきた。そして、こうした自然そのものの中に鎮まる神を祀ることが日本の神祇祭祀の基本であったのである。

現代の考古学者たちも伊豆の祭祀遺跡の濃密さには驚かされてきたが、神祀りに供された奉斎品は巨岩の周囲や洞窟、川辺、岩礁の上や秀峰を仰ぎ見る場などにあり、銅鏡や玉などの神への奉斎品が発見されてきた。いずれも神の存在が感得できる場に出土した。そうした古代以来の神祀りが行われた場には後に神社が整えられたが、明治以降の神社であっても、そこには荒ぶる神々との共生を祈ることが続けられてきた。

古代から伊豆の人々は地主神への手厚い祭祀を行ったが、この神祀りの司祭者は時に朝廷から国家的大災害への対処のために神祇寮神官への就任が求められた。つまり、伊豆出身者が古代国家の神祇祭祀を司る首座に就いていたのである。この伊豆出身者のひとりに卜部平麿呂《うらべひらまろ》という人物があるが、この人は伊豆大島に生まれ育ち、長じて遣唐使に加わり、帰国後は神祇寮のトップに就任した。やがて平麿呂の子孫の卜部一族は吉田神道への進展を図り、日本の神祇祭祀を統括するが、その血筋の一人に『徒然草』で著名な吉田兼好がある。この吉田氏は伊豆の卜部平麿呂の子孫であり、神祀りに秀でた伊豆人の血が兼好のなかに流れているのである。

伊豆の絶景のなかに神の坐を祀り、依代《よりしろ》を整え、清浄な磐座《いわくら》を整えて社とし、そこに神意を伺い、社に宝剣・神鏡・神璽の奉斎を重ねて神を慰撫してきたのが古代以来の伊豆の人々である。ゆえに、伊豆には他にない密度で神々の社が所在し、祭祀の痕跡は伊豆の絶景の中に大小の社をちりばめてきた。

こうした環境下に伊豆の古道は設けられてきた。やがてそこに中世的な展開が興ると、伊豆の古道をたどる者のなかに修験の人々の姿が加わるが、こうした動きは伊豆の神々と人との間に生じた原始古代からの時空を超えた習合のひとつとすることができる。忘れられがちだが、伊豆では神と人とが境界を接しつつ濃密なつながりを持ってきたことを想起すべきである。

伊豆の古道と海道をたどると幾多の絶景に出会うが、そこにはやはり原始古代から今に至るまで伊豆人が時空を超えて神々との交感を重ねた経緯が想起できる。我々は今も神々と共に古道をたどっていることを忘れてはなるまい。

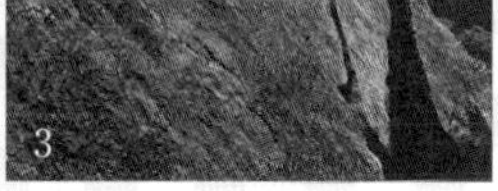

1.海崖上に建ち並ぶ落居集落 2.雲見浅間山。頂上の岩上に浅間神社が祀られる 3.岩上から望見する波勝崎の朝焼け（いずれも昭和45年撮影）
写真提供・東海自動車（株）

西伊豆雲見の集落と浅間山
(昭和45年撮影)
写真提供・東海自動車(株)

Inishie Road

古

いにしえの道

# KITA IZU

## 北伊豆エリア

修験の最終ラウンドは再び街へ

伊豆人の魂が帰るといわれる信仰の山まで

伊豆の歴史ロマンが詰まったエリア

○西浦－内浦コース　○清水町－三島コース　○日金山－走り湯コース

NISHIURA-UCHIURA course

# 駿河湾の最奥にある豊かな漁師町

海の恵み、山の恵みをたっぷり抱く。
美しい景観と自然の中に信仰の道を探る。

文:船本祐司　写真:清水玲

北伊豆エリア

## 西浦～内浦 コース

### おだやかな気候の内浦のんびり歩きを楽しんで

伊豆半島の北西部、半島の付け根部分に位置する内浦は、年間を通して波が穏やかな〝駿河湾の奥の院〟ともいうべき地域。海上にぽっかりと浮かぶ淡島、その奥にそびえる雄大な富士山が一望できる。海水は透明度が高いため、ダイビングやシュノーケリングなどのマリンスポーツも盛ん。さまざまな海洋生物と美しい海底景観を楽しめるスポットとして人気を集めている。

今回は西浦の木負《きしょう》から北上して、内浦の集落を巡る。まずは海岸線に鎮座する伊豆峯次第の拝所・鮑玉白珠比咩命《あわびたましらたまひめみこと》神社へ。創祀年代は不明ながら平安時代の延喜式神名帳に記された神社と推定されており、境内付近からは古墳時代～奈良・平安時代の土師器片も見つかっている。また、大正12年（1923）にまとめられた西浦村誌には、棟札に「三嶋大明神の妹」と記されていたという。伊豆半島の信仰を語る上で外せない三嶋の神に妹がいたとは……神様の家族関係にも興味は尽きない。

神社を出て、西浦木負の集落へと

下っていく。案内してくれた沼津市歴史民俗資料館館長・鈴木裕篤さんによると、この辺りは埋め立て地だそうだ。この地域には明治期、「艦材堀」と呼ばれる、軍艦製造のための木場がつくられた。ところが、鉄船の時代になると木材はお役御免となり、埋め立てられた後、現在のような宅地とバス通りになったという。船といえば、内浦湾は以前、クルーズ客船スカンジナビア号が係留されていたことでも知られる。1926年スウェーデンで進水し世界中を航海した後、1970年西浦に来た。以来30年にわたって日本初の海に浮かぶホテル・レストランとして親しまれたが、残念ながら2006年に売却され、〝母国〟へ戻る途中で沈没した。

　長井崎から坂道を行き、次の集落へ。斜面には治山工事が施され、道は避難路として階段状に整備されている。防災面で古道を活用できる好例だろう。トンネルの上を通って視界の開けたみかん園に出た。空の広さが印象的だ。温暖な気候に恵まれた西浦地区は、静岡県東部を代表するミカンの生産地だ。もともと西浦産は他に比べて酸味が強かったが、地元農家はこの特徴を逆手に取り、追熟の期間を設けることによって端境期《はざかいき》を狙った出荷を可能にした。ミカンで財を成した重須の集落には、伊豆石を使った立派な蔵や石垣が立ち並んでいる。

　峠を下れば、伊豆峯次第の拝所・熊野神社だ。幹回り8〜9m、高さ20m以上はあるクスの巨木が迎えてくれた。拝殿を見上げると、柱の外側に突き出た木鼻の部分に丁寧に象

◇1.鮑玉白珠比咩命神社。鮑玉とは、真珠のこと。そういえば内浦では大正時代に真珠の養殖をやっていたと聞いたことがある。何か関係があるだろうか ◇2.石の道標 ◇3.重須集落の石蔵・石積建物群 ◇4.5.熊野神社の厳かな境内 ◇6.途中のみかん畑

◇1.~4.長浜城址公園は管理が行き届き、景色もよく、見応え十分 ◇5.伊豆でよく見かける唯念上人の筆による碑 ◇6.白髭神社の境内は花と緑に溢れてなんとも美しい

の彫刻が施されていた。宮大工の精巧な技やセンスを堪能するのも寺社巡りの楽しみの一つだろう。

途中、長浜城跡にも立ち寄ってみた。内浦湾に面した丘に築かれた城跡で、戦国時代に関東一円を支配した後北条氏の水軍の拠点だった。清水(現在の静岡市清水区)を本拠とした武田水軍に対抗するため、内浦湾の最も奥まった部分に前線基地を構築したのだ。紀州出身の梶原景宗の下、安宅船《あたけぶね》を使った激しい海戦が繰り広げられたという。内浦湾は西から延びる長井崎と、北東の淡島によって風が遮られるため、軍船を係留しておくのに適した地形だったのだろう。城跡の周囲はヨットハーバーになっている。今もなお地の利は生かされているようだ。

長浜の集落の入り口には、独特の文字で書かれた石碑があった。唯念《ゆいねん》上人の筆による六字名号碑だ。上人は幕末から明治にかけて、駿河・伊豆・相模地域で念仏を広めた人物。若い頃は富士山をはじめ全国各地の霊山で修行、その後、村々を巡って仏の道を説きながら、「南無阿弥陀仏」の書を渡し人々の安穏を祈ったという。名号は碑として建立され伊豆を含む静岡県東部だけでも150基以上あり、内浦でも集落の境に幾つか見ることができる。また、長浜には古墳時代の陶馬や子持ち勾玉などが出土した白髭《しらひげ》遺跡がある。遺跡の名前にもなっている白髭神社は伊豆峯次第の拝所で、素朴ながら土地の心を感じられる佇まいの社だ。

集落の中心には、市指定の重要文化財、大川家長屋門もある。かつて内浦では黒潮に乗ったマグロなどの大型回遊魚の群れを、大きな帯状の網で囲い込んで捕獲する建切網《たてきりあみ》漁が行われていた。大川家は大津元で長浜村の名主、建切網漁の元締めを務めた家柄であった。特に江戸中期の大川四郎左衛門は有名で、伊豆峯次第にも記載があり、同家が修験者の宿としても利用されていたことをうかがわせる。私邸のため普段は見学できないが、今回は家主のご厚意で

特別に中を拝見させていただいた。

長屋門にはもともと、戦国期から近代に至るまでの膨大な古文書類が保存されていた。それら貴重な史料は昭和7年（1932）、財界人で民俗学者の渋沢敬三（渋沢栄一の孫）によって発見され、「豆州内浦漁民史料」としてまとめられた。説明してくれた鈴木さんが「これをぜひ見てほしい」と1点の書状を指さした。北条早雲（伊勢新九郎）による「虎の朱印」が捺印された書状で、北条氏がはじめて発給した朱印状だという。ただ、この朱印状は写しで、原本は調査以降に行方不明なのだそうだ。

トンネルを避けながら県道を跨いで旧道を行き、麻坂を上れば拝所・長浜神社。三津シーパラダイス裏手をなぞるように伸びる旧道を進むと、間もなく県道と合流、この先には太宰治が滞在し、「斜陽」を執筆したという安田屋旅館があり、三津浜の向こうに淡島も望める。

## 時間が育んできたものがひしひしと感じられる場所

1.~3.津元の威厳を感じさせる大川家長屋門 4.北条早雲の「虎の朱印」の捺印がある書状 5.長浜神社境内 6.三津集落 7.太宰が滞在した安田屋旅館

# 巡礼者の道を歩き駿河と伊豆の境まで

内浦三津の集落を越え、急勾配の階段を上ると拝所・駒形神社に到着する。神社を出てさらに旧道を進み、右折すると古い山道になる。かつて巡礼者が通ったとされ、地元では「観音道」と呼ばれている。途中の丘からは内浦湾の集落を一望できる。その先、視界がさらに開けると、再び淡島の姿も見えてきた。

ゴールは拝所・白山神社と、隣接する拝所・重寺観音。「冨士見十三州輿地全圖」という江戸末期の絵図によると、ここから北は駿河国と伊豆国の境界線であるという。白山神社の裏手には水がこんこんと湧いていた。横に掘られた珍しい井戸で、かつては山の上には湧水を利用した棚田があったという。風光明媚な景色の中に、往時の人々の営みを随所に感じる内浦の旅路であった。

1

4

◆1.駒形神社の境内。鄙びているが、明るい雰囲気 ◆2. 3.観音道を歩いていくとやがて内浦の集落が眼下に見えてくる ◆4. 5.白山神社。本殿の欄間には立派な彫り物が施されている。中を見せていただくと、重寺村漁業場の図版がかかっていた。淡島からどのように網を入れて、追い込み漁をしたかが分かる ◆6.重寺観音。神社と観音様がさりげなく並んでいる

2

5

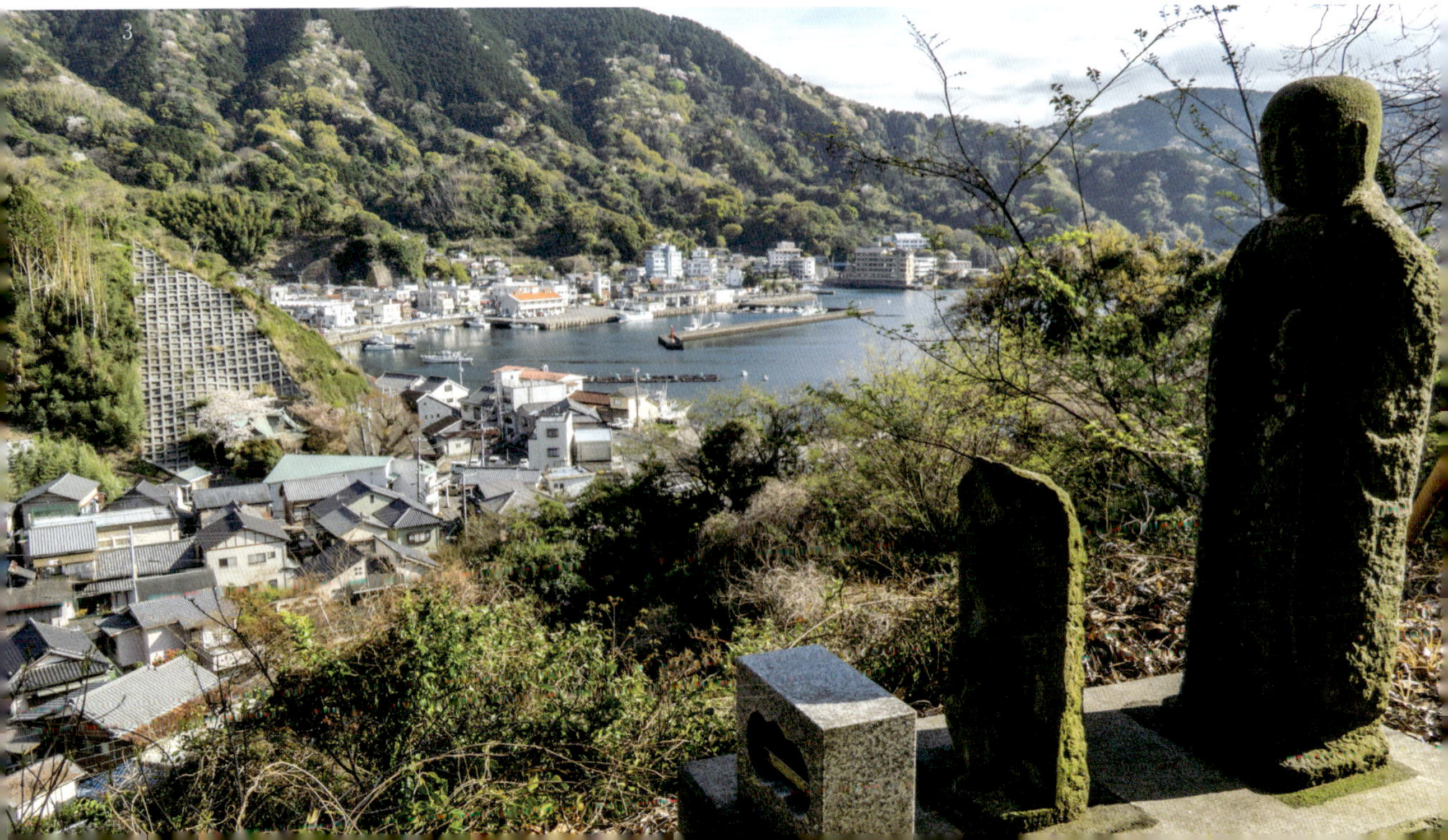

3

Corse Map!

コースガイド

10.5
km

- 鮑玉白珠比咩命神社
- ↓ 26分
- 熊野神社
- ↓ 5分
- 長浜城跡
- ↓ 7分
- 大川家長屋門
- ↓ 5分
- 長浜神社
- ↓ 20分
- 駒形神社
- ↓ 22分
- 白山神社

アクセス

【往路】JR東海道線沼津駅から東海バス木負方面行き木負農協バス停45分　徒歩4分
【復路】東海バス重寺バス停よりJR東海道線沼津駅方面行き40分

Tuishie Spot!

### 内浦漁協直営
### いけすや

内浦漁協が運営するシンプルな海鮮料理店。ご当地の養殖マダイ、アジが季節ごとに食べられる。

SHIMIZUCHO-MISHIMA course

北伊豆エリア

# 清水町～三島コース

## 伊豆の玄関口は、湧水と緑の町

富士山の恵みである湧水に恵まれ
清流と緑の美しい豊かな宿場を歩く。

文：田邊詩野　写真：清水玲

### 頼朝ゆかりの神社から清流の清住緑地へ

三島は伊豆国一宮である三嶋大明神（三嶋大社）を有し、古くから伊豆の中心地として栄えた地域である。今回のコースは伊豆峯次第に書かれた拝所である対面石八幡神社を起点に、三嶋大社まで、旧東海道を歩く。

まずは駿東郡清水町にある対面石八幡神社の駐車場からスタート。鳥居手前に、上部3分の1くらいの高さに切られた古い鳥居が「開運鳥居」として置かれている。神社の祭神は、主神が誉田別命《ほんだわけのみこと》（応神天皇）。相殿には比売神《ひめがみ》、御母の息長足姫命《おきながたらしひめのみこと》（神功皇后）を祀っている。創立は不詳だが、江戸時代には駿河・伊豆国国境の神、街道守護の神として大切にされてきた神社である。境内の奥、拝殿の裏には平安末期に源頼朝・義経兄弟が対面したとされる史跡「対面石」もあった。治承4年（1180）、駿河国富士川で源頼朝・武田信義と平維盛《これもり》が戦った際、黄瀬川東岸に宿を置いた頼朝の元に、生き別れとなって奥州にいた義経が馳せ参じて再会、源氏の再興を誓った場所といわれている。

◇1.対面石八幡神社の境内。2023年、頼朝・義経の対面840年の記念事業として、境内周辺を整備。駐車場が新たに整備されて参拝しやすくなった ◇2.対面石に座ってみる

神社を出て、黄瀬川を背に住宅街の中を歩く。国道1号線を渡って再び旧東海道に入ると、ほどなく一里塚だ。東京の日本橋から出発して29里目、今でいえば東京から114km近くのところにあり、向かい側の宝池寺とあわせて伏見一里塚と呼ぶのだそうだ。古い商店や竹を編み込んで作る沼津垣のある家、伊豆石の蔵、木造の古い麹屋などがあり、街道のかつての姿が偲ばれる。麹屋さんを訪ね、少しだけ話を聞かせてもらうと、昭和の中頃まで、この辺り一帯には醤油蔵や麹屋などがたくさんあったという。昭和38年（1963）までは三島広小路から沼津三枚橋間に、今歩いてきた道を通ってチンチン電車が走っていたそうだ。

麹屋の向かい側には常夜灯が立っていた。「秋葉常夜灯」と刻まれた石灯籠は、19世紀中頃、火難避けを願った村の人たちが建立したものだ。ここから旧東海道をちょっと外れ、境川沿いに小道を南に進んで市街地の湧水地、境川・清住《きよずみ》緑地に立ち寄ってみる。緑地は道路より一段低い谷筋に豊かな緑が広がり、ボードウォークが湧水地をぐるりと取り囲むようにして続く。足元を流れる境川は、文字通りかつての駿河国と伊豆国を

## 旧東海道を歩けば 歴史のロマンが そこかしこに

◇1.創業明治29年、中村屋麹店 ◇2.沼津垣 ◇3.伏見一里塚、白隠禅師の貴重な品が収蔵されている玉井寺前。古い石仏が集められている ◇4.宝池寺側の一里塚

# 清流の湧く公園は地域の憩いの場

◆1. 2.境川・清住緑地。豊かな湧水と植物に癒される ◆3.三島宿との境界を示す常夜灯。防火の神様である秋葉神社とセットで、宿場の西側にあることが多い ◆4. 5.秋葉神社

分けた境界だ。階段で下まで降りていくと、木立の向こうにコンコンと湧き出る泉があった。澄みきった水の中には深いグリーンのミシマバイカモがゆらめき、周囲には草花や水辺を好む樹木が木陰を作っている。この豊かな水は、境川が刻んだ谷に、三島溶岩の中を通ってきた地下水が湧き出しているものだ。

清住公園を抜け、境川の対岸に渡って道路に出ると、数軒の家が建つ高さ2~3mの崖があり、地層が露出しているのが見えた。

約2900年前、山体崩壊を起こした富士山の土石流が御殿場高原を作り上げると、雨のたびに土石が愛鷹山と箱根に挟まれた谷を流れ下り、三島駅付近を扇央(扇状地の中央部分を指す)とする扇状地を作った。何度も流れ下った土石流の名残がこの露頭に見られる地層だという。境川はこの地層が削られてできた川だ。富士山の巨大さにあらためて畏敬の念を抱きつつ、また旧東海道へ戻る。川沿いに横道を入ってきたので、コの字型に歩いて川の対岸へ引き返す格好だ。清水町寄りに少し戻ると、小さな高台があり階段を上ると秋葉神社がある。江戸時代初期には現在の広小路駅付近が三島宿の入り口、

見附だったが、江戸時代中期頃からはこの付近が西見附であった。この高台は石垣で作られた土手で、見附の名残でもある。

　ちょうどこの北側に、千貫樋《せんがんどい》がある。戦国時代の農業用水路で、楽寿園小浜池の湧水を清水町方面に送るために境川に架設されている掛樋だ。樋を流れている水は、今も清流でそれなりの水量がある。住宅街の中を縫うように走っている樋は、案内板の立っているところから見ることができる。大正12年（1923）の関東大震災で崩壊する以前は、深さ45㎝、幅1.8m、高さ4.5mの木造の樋が、全長45m続いていたという。震災以後、樋は鉄筋コンクリート製になったが、ほぼ同じ規模で樋が架けられている。

## 水の流れを辿って伊豆国一の宮まで

　ところで、先ほども見たように、この地は湧水が豊富だ。なのに、どうして三島市の中心にある小浜池からわざわざ水を引かねばならないのか？その理由は、先ほどの境川の地形にありそうだ。扇状地が作った平坦な地形を削り込んで低い場所を流れる境川から水をくみ上げるのは難しい。そのため、現在の清水町に当たる玉川、伏見、八幡、長沢、柿田、新宿辺りに農業用水路を引くのには、小浜池から水を引いて、境川を渡す水道橋が必要だったというわけだ。こうした水利用の工夫は随所にみられる。前出の境川・清住緑地のすぐ南側には湧水を貯める丸池というため池もあり、千貫樋の用水とは別の地域の田を潤している。

　広小路近くまで来ると、農兵節に出てくる「三島女郎衆」の歌詞が書かれた看板があった。豊臣秀吉による小田原攻めの際、大坂や京都から多くの女たちが三島に集められ、飯盛女として働いていたといわれている。三島は江戸時代になってからも宿場町としてかなり活気のある町だった。伊豆箱根鉄道の広小路駅手前で左に曲がり、「あじゃりこうじ」

◇1.「三島女郎衆」の歌詞が書かれた看板 ◇2. 3.千貫樋。名前の由来は、この樋が千貫に値するからという説、樋を造るのに千貫かかったから、という説があるそう ◇4.広小路駅

◆1.伊豆国一の宮。威厳のある三嶋大社の社殿。二所三嶋詣は源頼朝が始めた　◆2.現在の国分寺は、奈良時代に各地に建立された国分寺の後継寺院。七重の塔は奈良時代のもの

◆3. 5.浅間神社は、富士山大噴火の溶岩流がここで止まっていることから「岩留め神社」とも呼ばれる。主祭神である木花咲耶姫が溶岩を止めた足形も残っている　◆4.源兵衛川の遊歩道

といわれる路地に入る。ここは伊豆国分寺の参道に当たる。途中、三島七石の一つである市子石を見つけた。暗渠になった用水路の上に鎮座する石で、霊を呼び寄せる市子（巫女）が占いをしたと伝わる。国分寺は日蓮宗の寺院で、境内には塔跡がある。かつては七重の塔が建っていたと推定され、高さはなんと約60mにも及んだという。

　広小路駅方面に戻って、三石《みついし》神社の向かい側から源兵衛川沿いを歩く。源兵衛川は、三島駅前の市立公園楽寿園に湧き出す富士山の伏流水を源流とした農業用水路だ。三島には、市民が一丸となって守っている美しい宝物のような風景が市街地に溶け込んでいる。川に設けられた歩道を歩き、楽寿園の東側にある浅間神社へ。ひっそりとした小さな境内に、古い社殿。傍にある数段の石段は三島溶岩の末端にあたり、昔の富士山登山道の一部だという。伊豆の人々が富士山詣をするときは、必ずこの神社に寄ったといわれている。

　神社を出て、楽寿園の正門前を渡ると白滝公園にたどり着く。約1万年前に富士山の噴火で流れだした三島溶岩が緑の苔や百草に覆われ、ところどころから水が湧き出している。公園東側に流れる桜川沿いを、文豪たちの碑を眺めながら歩き、ゴールの拝所・三嶋大社へ。伊豆国一宮の式内社で、ご祭神は大山祇命《おおやまつみのみこと》と積羽八重事代主神《つみはやえことしろぬしのかみ》、社名の「三嶋」は伊豆諸島を指している。格式高い神社らしい威厳のある本殿だが、手を合わせるほどに穏やかな安心感のある佇まいだ。鎌倉時代の武士たちは、箱根権現、伊豆山権現、三嶋大明神の三社へ参拝する二所詣を習いにしていたと伝わる。伊豆に流された頼朝も三嶋大明神に源氏再興を祈願していたといわれ、悲願を果たすと社領神宝を寄進して崇敬した。修験の道としては最終ゴールの一歩手前。修験者たちも三嶋大明神に辿り着いたときはさぞホッとしたに違いない。

Corse Map!

コースガイド

4.8 km

- 対面石八幡神社
- ↓ 10分
- 玉井寺
- ↓ 16分
- 境川・清住緑地
- ↓ 5分
- 秋葉神社
- ↓ 11分
- 伊豆国分寺
- ↓ 9分
- 二之宮浅間神社
- ↓ 1分
- 白滝公園
- ↓ 9分
- 三嶋大社

アクセス

【往路】JR東海道線三島駅、もしくは沼津駅より東海バス沼津駅方面行き、もしくは三島駅方面行き医療センター入り口バス停下車12分　徒歩1分
【復路】JR東海道線三島駅まで徒歩15分、もしくは東海バス三島駅方面行き9分

Ituishie Spot!

## 源兵衛川

40年ほど前は汚染が進み、暗渠化の案も出ていたが、'90年代初めにグラウンドワーク三島が結成されて、市民・NPO・行政・企業が協力し、水の都・三島は現在の姿を取り戻した。

HIGANESAN-HASHIRIYU course

# 伊豆人の魂が帰る場所へ

山と海、岩と樹木は
いつの世も、神を宿していた。

文：船本祐司　写真：清水玲

北伊豆エリア

## 日金山～走り湯 コース

### 十国峠から海岸線を目指して

伊豆山からスタートして半島を一周する伊豆峯辺路もいよいよクライマックス。熱海市と函南町にまたがる日金山《ひがねさん》から、最初のコースの起点だった走り湯を目指す。日金山は平安時代末頃から、東国を代表する霊場として知られていたらしい。『走湯山縁起』のように応神天皇2年、相模国唐浜（現在の神奈川県大磯）に現れた不思議な円鏡がこの地に飛来し、走湯権現のはじまりとなったとする説も唱えられた。

まずは森の駅「箱根十国峠」からケーブルカーに乗り、日金山の山頂へ。標高765mの十国峠は、伊豆や駿河、相模、上総、安房など、10の国が一望できることからその名が付いた。展望台からは三浦半島や房総半島、天気がよければ東京スカイツリーまで見渡せる絶景スポットだ。

峠から尾根を下る途中には、鎌倉幕府三代将軍である源実朝《さねとも》の歌碑もある。「箱根路を わが越えくれば 伊豆の海や 沖の小島に 波の寄る見ゆ」。実朝が箱根山から伊豆山神社へ向かう際、海に浮かぶ初島に想い

1

# 霊峰富士に向き合い 思わず背筋が延びる

を寄せて詠んだといわれる歌だ。実朝が生きた800年前も、この地には同じような景色が広がっていたのだろう。

姫の沢公園を右手にそのまま直進し、岩戸山ハイキングコースを下ると拝所の日金山東光寺に到着する。境内に入ると閻魔大王や奪衣婆（三途の川で衣服をはぎ取る老婆）の石像が立ち、まるで地獄の入り口のような、異界の雰囲気が漂っている。日金山は昔から死者の霊が集まる山といわれ、「春・秋の彼岸になると会いたい人の後ろ姿が見られる」という伝承がある。箱根外輪山から続く尾根に建ち、『走湯山縁起』に地下で交わる赤と白の龍が、その尾を「筥根之湖水」、頭を「日金嶺之地底」、そして温泉の湧くところを目・鼻・口としていると記されるなど、箱根神社や伊豆山神社とつながりが深い古刹である。

尾根沿いを緩やかに下っていくと、道端には丁石がある。1丁（約109m）ごとに立てられた道標で、石に刻まれた文字から宝暦年間に作られたものだと分かる。箱根竹に囲われたトンネル状の道を進み、「賽の河原」と呼ばれる石仏群を過ぎると、石造りの仏塔が見えてきた。平

4

2

◆1. 2.十国峠からの富士山、駿河湾 ◆3.日金山東光寺の現在のご本尊は頼朝が建立した延命地蔵菩薩 ◆4.霊山らしい閻魔王 ◆5. 6.苔むした石仏を横目に先へ

3

6

◇1.末代上人の宝篋印塔。宝篋印塔は、仏塔の一種で、墓塔、供養塔に使われる。中国から伝来後、日本で独自の発展をしたといわれている。花が手向けられ、丁寧に祀られている。横に説明書きの札も立っている ◇2.笹の広場 ◇3.岩戸山へ登っていく。岩戸山は十国峠から東に延びる尾根にあり、熱海からの日帰りハイキングも楽しめる ◇4.5.岩戸山山頂からの眺望

安時代の僧・末代《まつだい》上人の宝篋印塔《ほうきょういんとう》だ。上人は富士山信仰の開祖として知られる人物だが、幼い頃から走湯山で修行を積んでいたという。そもそも両山は、二つで一つの霊場と考えられており、千手千眼観音を本地とする走湯権現の信仰を中心としてきた伊豆の修験者たちも、修行の末に富士山大日如来との一体化を目指す、という重層的な世界観を持っていたようだ。

　間もなくすると視界は一気に開け、相模灘を見渡す「笹の広場」に出た。

本来の伊豆峯次第のルートはこの後、土沢の地蔵堂を目指して直進し、海へと続く稜線を下る。だが、現在は通行できない道もあるため左折して次の拝所へ向かう。「三十五町目」と刻まれた丁仏を目印に、伊豆山・岩戸山方面へと進もう。

　黒松が立ち並ぶなだらかな尾根道を20分ほど下ると、岩戸山に到着した。標高734mの山頂からは、海原に浮かぶ初島と伊豆大島、背後には天城の山々を見ることができる。岩戸山は40万年前に湯河原火山が噴

## 大地の力を恐れつつ崇めてきた人びと

◇1.ハイキングコース ◇2.3.伊豆山神社は初め日金山にあったが、後に社はこの地に移された ◇4.巨石を背負うように建っている姿はなかなかの迫力 ◇5.行場跡。説明書きがある

火を繰り返した結果、出来上がった。北の谷には、湯河原火山噴出物の露頭をくり抜いた石窟があり、観音菩薩が祀られている。

ハイキングコースを下ると、しばらくアスファルトの道が続く。その先にあるのが、拝所である伊豆山神社の本宮だ。ここは一般的によく知られた伊豆山神社の本殿から、さらに奥の山道を進んだ先に位置する。境内から尾根道を30分ほど下り、椎や樫などの照葉樹の森を抜けると、拝所・白山神社にたどり着く。一帯は「岩蔵谷」と呼ばれ、その名の通り、巨大な岩山が連なっている。社殿裏手の岩の上には「白山大権現」と彫られた石造りの祠が鎮座していた。

なぜ白山信仰の社がこの地にあるのか不思議な気もするが、末代上人は諸国の霊山を巡った際、白山信仰に深く関わったといわれる。その関係からか、伊豆峯次第の中でも当社は「二の宿」とされており、かなり重要視されていたようだ。

神社から下る途中には、修験者が峯入りの際に修行したと思われる行場跡がある。注連縄が施された巨石の下には、隠れるように小さな祠が鎮座していた。この先、山道を抜けると、伊豆山神社の本殿に出る。冒頭のコースでも紹介したとおり、明治以前は伊豆大権現(走湯権現)などと呼ばれた神社で、伊豆修験の拠点だった。

ここから麓の海岸までは837段ある石段。本殿から続く参道付近の大地はデイサイトと呼ばれる火山岩で、ここだけは周辺と様子が異なっている。こうした地質の違いも、かつての修験者たちは目ざとく察知していたのかもしれない。道中には拝所・行者堂(現・足立権現社)がある。また、参道沿いの立ち寄り湯「走り湯浜浴場」付近は明治元年(1868)に廃絶した薬師堂・観音堂があり、これまで見てきた「本宮(本宮神社)」「新宮(伊豆山神社本殿)」と合わせて「下宮」と呼ばれていた。こうした三社による神域構成は、熊野三山と重なるという見方もある。とすれば「走り湯」は、さしずめ「那智の滝」といったところだろうか。

階段を下りた先に走り湯がある。山腹から湧き出た湯が海岸に飛ぶように走り流れることから、その名が付いたという。先にも述べた通り伊豆修験において、走湯大和富士山は一つの霊場と考えられていた。『走湯山縁起』などの古文書によると、伊豆山から箱根の地下には龍が住むと考えられており、走り湯は「龍の口」とされている。一説によると、承和3年(836)、甲斐の僧・賢安が、走り湯を発見し日金山から神霊を迎えてこの地に走湯山・東光寺を開いたのが走湯権現の始まりだという。山号が「日金山」ではなく「走湯山」であることからも、当時の人々が麓に噴き出す温泉「走り湯」を信仰の源泉としていたことが窺える。後鳥羽院が編んだ今様《いまよう》歌謡集『梁塵秘抄《りょうじんひしょう》』には「伊豆の走湯、信濃の戸隠、駿河の富士山、伯耆の大山…」と記されており、平安末期にはすでに名だたる聖地の筆頭に挙げられるほどの知名度を誇っていた。

修験道の祖・役小角《えんのおづぬ》はこの近くに小屋を建て、湯に打たれながら修行に励んだという。その伝承は語り継がれ、後に多くの修験者が伊豆を訪れ、雄大な自然に身を委ね、悟りの道を歩んだことだろう。走り湯の横穴へ足を踏み入れると、まるでサウナのような湯気に熱気が立ち込めていた。古来、多くの人々を魅了し啓示を与えてきた伊豆半島の神秘の力は、今もなお健在である。

4

3

1

2

◇1.赤白二龍。走湯山縁起には、伊豆山の地下には赤白2匹の龍がいて臥していると書かれているそうだ。その2匹の龍は頭が伊豆山の地底に、尾っぽが箱根の芦ノ湖に浸かっており、温泉が湧くところはこの龍の目、口、鼻、耳だという。赤龍は火、白龍は水。二龍で温泉を生み出す、最強の守護神だ ◇2. 3.走り湯へ ◇4.走り湯の中

Corse Map!

コースガイド

10.8 km

| |
|---|
| 十国峠展望台 |
| ↓ 33分 |
| 日金山東光寺 |
| ↓ 50分 |
| 岩戸山頂上 |
| ↓ 8分 |
| 伊豆山神社本宮 |
| ↓ 30分 |
| 白山神社 |
| ↓ 23分 |
| 伊豆山神社 |
| ↓ 15分 |
| 走り湯 |

アクセス

【往路】JR東海道線熱海駅より伊豆箱根バス十国峠登り口バス停下車38分、ケーブルカーで3分
【復路】東海バス逢初橋バス停より熱海駅3分

Tuishie Spot!

### 伊豆山神社前の道祖神

伊豆山神社前の伊豆型道祖神。前面だけでなく背中側も彫られた丸彫の女性像が真ん中に配置されており、独特な雰囲気。

*Column*

# 村山古道と富士山下向道

山樂カレッジ事務局長　畠堀操八

## 伊豆の修験と富士山

村山修験の祖といわれた末代上人は、平安時代後期に伊豆山権現で修行し、富士山を鎮めるために富士山に登頂して、その信仰の礎を築いたと伝えられる人物です。その頃より少なくとも15世紀頃までは、村山古道のある地域は走湯山領でもありました。走湯山と富士山は実に近い関係にあったことが分かっているのです。

## 村山古道の見どころ

富士宮市村山には、本山修験宗聖護院《しょうごいん》系の興法寺《こうほうじ》大日堂と単立系の富士根本宮《ふじこんぽんぐう》村山浅間神社が、同じ境内に並んでいる。いまどき珍しい神仏混交が生きている土地である。

7月10日の富士山開山式には、地元・富士根北中学1年生男女全員による禊《みそ》ぎが行われ、神社でのお祓いのあと、聖護院山伏によって採灯《さいとう》護摩焚きが執行される。

大日堂には、木造大日如来坐像（金剛界）、木造大日如来坐像（胎蔵界）はじめ、銅像不動明王立像、木造役行者倚像《いぞう》などの仏像が祭られており、イミテーションながら富士参詣曼荼羅図（浅間大社蔵）など各種絵画も展示されている。

また村山には、戦国時代から明治初期に至る古文書など1000点以上が、廃仏毀釈《はいぶつきしゃく》の嵐を乗り越えて保存されてきた。これが昨年末、静岡県指定文化財に指定されることになった。改築されたばかりの社務所には展示室が新設され、これらの史料が順次公開・展示される。

これで村山の信仰登山の歴史資料が、一堂に会することになる。

村山古道の道中にある花畑。夏になると渡り蝶のアサギマダラが乱舞する

明治39年（1906）夏、大宮町（いまの富士宮市中心部）から大宮新道が開かれて以来、それまで村山を通っていた表富士登山道は寂れて、昭和10年（1935）ごろには山仕事の人しか入らない廃道になった。

旧登山道復活の機運は昭和40年（1965）ごろからあったが、昭和の終わりになって富士宮市郷土史同好会の手によって進められ、平成元年（1989）にほぼ全ルートが解明される。しかし平成6年（1994）の台風によって通行不能になり、平成16年（2004）にようやく村山古道として復活する。

村山浅間神社の西側、六道坂の石畳から始まる村山古道は、富士宮口新六合目まで2000m、1日の登山行程としては日本一の標高差となる。

村山古道には、遺跡と思われる人工の平地がたくさん残っている。札打場跡、中宮八幡堂跡、八大龍王・水神祠・井戸跡、女人堂跡、西河原跡、大樅跡、笹垢離跡、岩屋不動跡、一の木戸跡などの修験遺跡のほか、一合小屋跡、二合石室跡、三合石室跡などなど。しかし中宮八幡堂のほかは、わずか数カ所が石像の文字などから同定できているに過ぎない。1か所も発掘調査がなされないまま地中に眠っている。

村山古道両側は、標高1000mまでが民有地で杉檜の人工林、そこから上は国有林であるが基本的に伐採後の放置林で、1700m以上が自然林である。由緒ある登山道だという認識がなかったために、森林保護という発想が関係者に生まれなかったようだ。先に触れた台風では広範囲にわたる倒木帯ができてお花畑が広がり、台湾から飛来するアサギマダラが飛び交う楽園になった。

熔岩流についても触れておこう。村山古道両側には、不動沢熔岩流が流れ下っている。噴き出した直後の熔岩はすべてを焼き尽くすが、冷えて固まる寸前に樹木を抱き込むと木型が残る。こうしてできた熔岩樹型が、大量に残っている。

熔岩流の上には土がないから草が生えない。駿河湾から吹き上げる上昇気流は水滴になり、根のないコケを育てて絨毯のように広がる。コケは村山古道の宝物である。

美しいコケが見られる村山古道

## 村山・下向道の見どころ

《廿七日、明けはなれて後、ふし河わたる、朝川いとさむし、かぞふれば十五瀬をそわたりぬる》(『十六夜日記』)

　鎌倉時代に阿仏尼が、京から鎌倉へ下ったときの描写である。当時の富士川は南に真っすぐ駿河湾に流れ落ちていたのではなく、岩本山をぐるりと回り込むように東に向かって広がり、潤井川を合わせて、吉原にまで至る大氾濫原を形成していたのである。

　戦国時代から隆盛をみる富士山詣での道は、岩本山を越えて大宮(富士宮)の浅間大社に下り、改めて登山口の村山に出るほかはなかった。富士本道という。

　しかし江戸時代になって富士川左岸に大規模な築堤が行われる。武田の治水技術を継ぐといわれる古郡氏の親子3代にわたる工事で、延宝2年(1674)に完成した。列をなして飛ぶ雁の形に似ているので雁堤《かりがねつつみ》といわれる。これによって生まれたのが〝加島五千石〟の稲作地帯。網の目のように用水路・排水路が張り巡らされることになった。

　そうなると富士山に登るのに、岩本山を越えて三角形の2辺をたどるより、富士川橋から平らな道を凡夫川に抜けてそのまま一直線に抜けるほうが早くて楽である。

　しかし浅間大社から代官・江川太郎左衛門あての嘆願書が残っている。「富士参詣の導者、凡夫川を直に参るまじく候、先年の如く大宮を通るべく」制札を立ててほしいと。逆にいえばこれは、道者(登山者)からは無視された状況証拠になる。

　「下向道」と表記のある江戸時代の絵地図は何種類か残っているが、これは地図出版を合法化するための言葉の綾ではないか。上るのではなく下るんだと。

　さて我々も富士川橋を渡ったところにある水神社の石碑「富士山道」から出発しよう。

　雁堤を過ぎると岩本山の登山口、実相寺である。

　実相寺は日蓮上人が『立正安国論』を著した寺として有名であるが、元々は鳥羽法皇の御願寺で、富士山の開山・村山修験開祖の末代上人の出身寺である。日蓮宗に富士山信仰の要素がないからであろうか、富士道者の登山記録に実相寺のことはほとんど出てこないというが、機会があれば立ち寄ってほしい古刹である。

　実相寺を出て、岩本山の南麓を東に向かうと龍巌淵に出る。熔岩流が潤井川をせき止めた景勝の地で、すぐ下流左岸に凡夫川が合流しており、下向者の水垢離が行われた場所といわれる。200m下流の滝戸橋は富士山をバックにした桜見物の名所である。

　ここからはしばらく凡夫川と付かず離れず、曽我寺・曽我八幡宮・曽我五郎首洗い井戸などを見学して、さらに1本北の天間沢川を天間沢側道橋で渡る。実際に歩くにはネット情報などを参考に、構想力豊かにルートファインディングしていただくことになる。

　間もなく右折して西富士道路を潜ると富士宮市杉田である。両側に茶畑が広がる。

　ここから下向道はようやく本格的な上り坂の棒道になり、高度が上がって樒《しきみ》畑が増えてくると覆盆子平《いちごだいら》。左折して葱畑が広がってくると村山は近い。

　このコース、真夏の炎天下はやめて、登るとすれば晩秋から茶摘み季節まで。正面にどっしり、白く輝く富士山がごほうびである。

下向道の茶畑越しに見る富士山

# 伊豆峯次第とは？

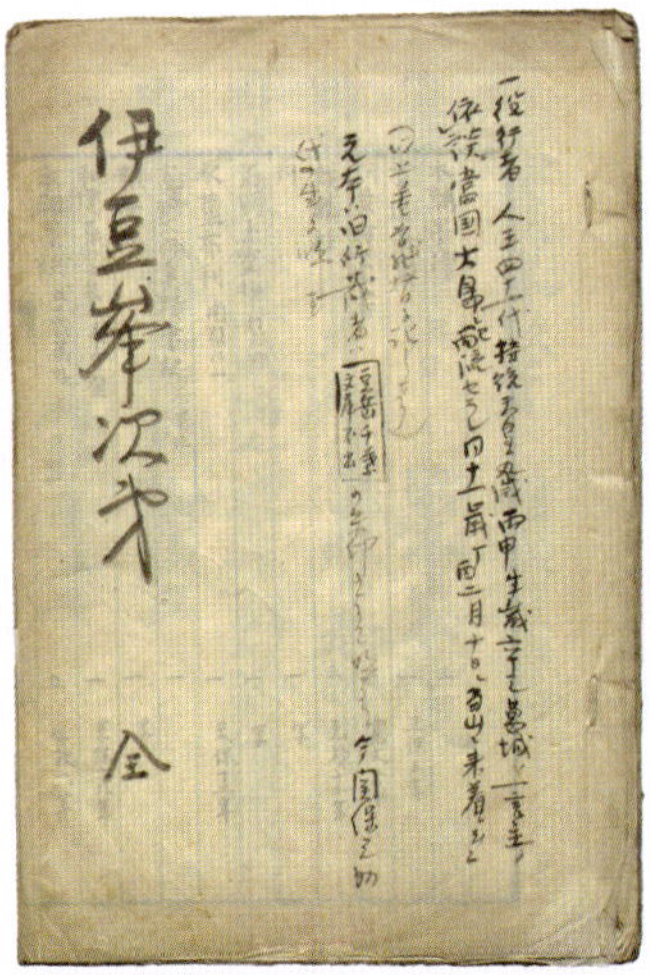

伊豆峯の辺路修行については、寛保4年(1744)の円秀坊快山本や、宝暦11年(1761)の円光院義観本「伊豆峯次第」に詳しい。伊豆の修験自体は、下田市三穂ヶ崎の海食洞窟内に残された墨書などによって、中世から盛んであったことが分かっているものの、行者が半島を一周する行程を記した文書は、修行にあたっての手控えとして作られた「伊豆峯次第」だけである。

修験者は、毎年12月25日に伊豆山を出発し、翌年の正月から2月の約1ヶ月半に亘って約260ヶ所の拝所を順番に巡っていた。走湯山は、鎌倉時代から江戸時代にかけて武家の篤い信仰を受けたが、明治時代に政府から神仏判然令が出されたことによって、修験道の伝統は失われてしまった。

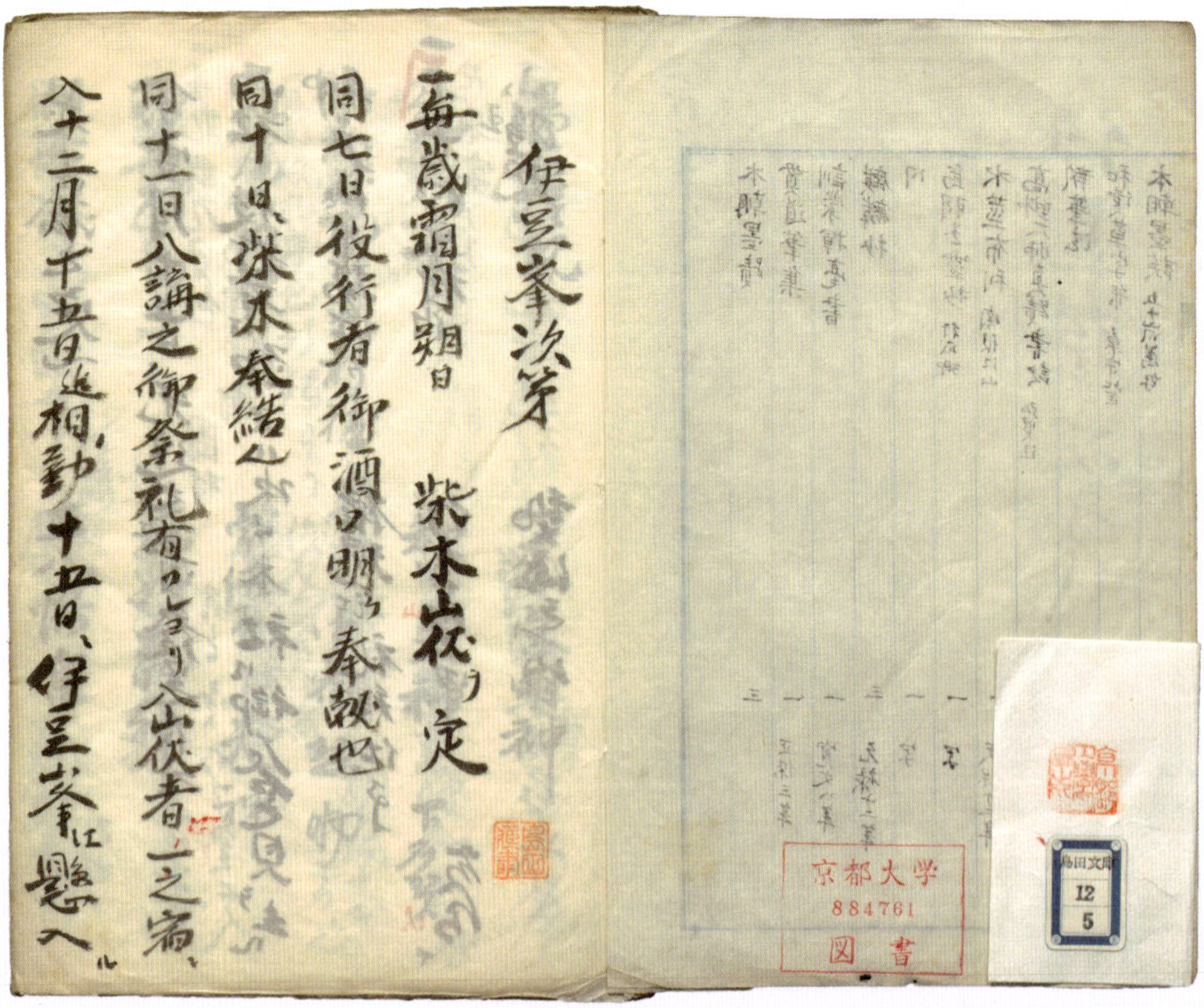

円秀坊快山編 江戸時代・寛保4年(1744) 京都大学附属図書館(島田文庫)所蔵

# *Information*

〈ツアーガイド〉

❖伊豆半島ジオガイド協会
ジオガイド養成講座を修了し、認定試験に合格した認定ジオガイドの多くが所属する協会。

伊豆市修善寺838-1　修善寺総合会館
TEL 0558-74-5423
https://izugeoguide.org

❖ジオテラス伊東
伊豆半島に住む人や訪れる人に対して、土地の魅力を伝えつつ、美しい自然を守るという理念に基づいた活動を行うガイド団体。

伊東市八幡野1183
伊豆急行「伊豆高原駅」構内
TEL 0557-52-6100
https://geoterrace.org/about-geoterrace

❖南伊豆ジオガイドの会
伊豆半島の南端にある南伊豆のジオツアーのほか、地元の小中学生にジオ学習も行っている団体。

賀茂郡南伊豆町石廊崎546-5(石廊崎オーシャンパーク内)
TEL 0558-65-1600
https://sites.google.com/view/minami-izu-geo

伊豆半島ジオパーク
公式サイト
https://izugeopark.org

〈ジオパーク案内施設〉

❖伊豆半島ジオパークミュージアム「ジオリア」

伊豆市修善寺838-1
修善寺総合会館内
TEL 0558-72-0525
開館時間 9:00〜17:00
休館日 水曜日(祝日の場合は翌日)・年末年始

❖長泉ビジターセンター

駿東郡長泉町下土狩1283-11
コミュニティながいずみ2F
TEL 055-988-8780

❖三島ビジターセンター

三島市一番町16-1
三島市総合観光案内所内
TEL 055-971-5000

❖清水町ビジターセンター

駿東郡清水町伏見86
わくら柿田川内
TEL 055-975-7155

❖函南ビジターセンター

田方郡函南町塚本887-1
道の駅伊豆ゲートウェイ函南内
TEL 055-979-1112

❖熱海ビジターセンター

熱海市田原本町11-1ラスカ熱海1F
熱海観光案内所内
TEL 0557-85-2222

❖伊豆の国ビジターセンター

伊豆の国市田京195-2
道の駅伊豆のへそ内
TEL 0558-76-1630

❖沼津ビジターセンター

沼津市戸田1294-3
道の駅「くるら戸田」内
TEL 0558-94-5151

❖伊東ビジターセンター
(ジオテラス伊東)

伊東市八幡野1183
TEL 0557-52-6100

❖ジオポート伊東

伊東市和田1-17-9
TEL 0557-37-1125

❖天城ビジターセンター

伊豆市湯ヶ島892-6
「道の駅天城越え」昭和の森会館内
TEL 0558-85-1110

❖西伊豆ビジターセンター

賀茂郡西伊豆町宇久須3566-7
(こがねすと内)
TEL 0558-55-0580

❖東伊豆ビジターセンター

賀茂郡東伊豆町奈良本996-13
熱川温泉観光協会内
TEL 0557-23-1505

❖松崎ビジターセンター

賀茂郡松崎町松崎315-1
明治商家　中瀬邸内
TEL 0558-43-0587

❖下田ビジターセンター

下田市外ヶ岡1-1
道の駅「開国下田みなと」内
TEL 0558-22-5255

❖南伊豆ビジターセンター

賀茂郡南伊豆町石廊崎546-5
石廊崎オーシャンパーク内
TEL 0558-65-0016

Izu Peninsula Geopark

# Izu

## 伊豆半島ジオパーク トレッキングガイド2

## 古《いにしえ》の道 伊豆峯辺路《いずみねへじ》を歩く


2024年11月19日　初版発行

企　画　伊豆峯辺路を歩く編集委員会
発行者　大須賀紳晃
発行所　静岡新聞社
〒422-8033 静岡県静岡市駿河区登呂3-1-1
電話 054-284-1666

アートディレクション　BACCO
編　集　子鹿社
取 材・文　子鹿社 田邊詩野
IZAIZU 船本祐司
撮　影　清水玲

寄　稿　國學院大學 博物館 教授 深澤太郎
一般社団法人美しい伊豆創造センター 専任研究員 遠藤大介
考古学者 金子浩之
山樂カレッジ 事務局長 畠堀操八

デザイン　BACCO（松下理恵子・松下達矢）・横澤皐紀
地　図　横澤皐紀

制作協力　一般社団法人美しい伊豆創造センター
伊豆半島ジオガイド協会

印刷・製本　株式会社シナノパブリッシングプレス

※本書に掲載した地図の作成に当たっては、国土地理院長の承認を得て、同院発行の数値地図（国土基本情報）電子国土基本図（地図情報）、数値地図（国土基本情報）電子国土基本図（地名情報）、数値地図（国土基本情報）基盤地図情報（数値標高モデル）及び数値地図（国土基本情報20万）を使用しました。
「測量法に基づく国土地理院長承認（使用）R 6JHs 206」

※図版使用：国土地理院所蔵「伊能中図」を加工（P7・P9・P47・P82・P125）

ISBN 978-4-7838-2643-9
落丁・乱丁本はお取り替えいたします。
定価はカバーに表示しております。